"十四五"高等学校创新性数智化应用型经济管理规划教材（会计实验系列）

总主编 / 李雪　　主审 / 徐国君

出纳实务实验

张玲 ◎ 主编

高杉　赵珍珍 ◎ 副主编

图书在版编目(CIP)数据

出纳实务实验 / 张玲主编. —上海：立信会计出版社，2023.6

"十四五"高等学校创新性数智化应用型经济管理规划教材. 会计实验系列

ISBN 978-7-5429-7224-8

Ⅰ. ①出… Ⅱ. ①张… Ⅲ. ①出纳－会计实务－高等学校－教材 Ⅳ. ①F233

中国国家版本馆CIP数据核字(2023)第080125号

策划编辑	方士华
责任编辑	方士华
助理编辑	王悠然
美术编辑	吴博闻

出纳实务实验
CHUNA SHIWU SHIYAN

出版发行	立信会计出版社			
地　　址	上海市中山西路2230号	邮政编码	200235	
电　　话	(021)64411389	传　　真	(021)64411325	
网　　址	www.lixinaph.com	电子邮箱	lixinaph2019@126.com	
网上书店	http://lixin.jd.com		http://lxkjcbs.tmall.com	
经　　销	各地新华书店			
印　　刷	常熟市华顺印刷有限公司			
开　　本	787毫米×1092毫米	1/16		
印　　张	13			
字　　数	277千字			
版　　次	2023年6月第1版			
印　　次	2023年6月第1次			
书　　号	ISBN 978-7-5429-7224-8/F			
定　　价	39.00元			

如有印订差错，请与本社联系调换

总　序

　　教材是高校实现人才培养目标的重要载体,教材及教材建设对高校发展具有举足轻重的作用。与培养模式相对应的教材是培养合格人才的基本保证,是实现培养目标的重要工具。由于历史的原因,在财经类教材的出版方面,相关出版社出版研究型本科或者高职高专、中等职业等层次的教材较多,应用型本科教材较少。虽然近年来一些应用型本科教材也陆续出版,但总体而言,这些教材还是缺乏权威性、普适性、实用性、创新性。造成这种状况的原因主要在于:出版社对财经类应用型本科教材的出版还不够重视,没有进行有效的组织;财经类应用型本科院校多为新建院校,教材建设相对滞后,主观上也较愿意使用研究型本科教材;在教材使用中存在比较严重的混用现象,教材目标读者群不明确,如不少教材既适用于研究型本科院校又适用于应用型本科院校,或者既适用于本科院校又适用于高职高专院校。

　　由于目前财经类应用型本科教材种类和数量匮乏或质量欠佳,财经类应用型本科院校不得不沿用传统研究型教材。这些教材本身的质量很好、级别很高,但是并不适用于应用型本科院校的教学,教师和学生普遍反映不好用。即使在全国范围看,也还没有相对成套、成熟的适合财经类应用型本科院校的教材。现有教材存在的主要问题包括:①教材的定位和要求过高;②教材的内容偏多、难度偏大;③教材着重于理论解释,相关案例、实训等内容较少,缺乏普适性、实用性。

　　与此同时,信息技术的快速发展使学生的学习习惯和阅读习惯发生了改变,不断朝个性化、自主学习的方向发展,传统的单一纸质教材已经无法适应这种变化。翻转课堂、慕课、微课等网络课程的兴起,混合式教学的不断推进,也对立体化教材建设提出了新的要求。教材作为一种课堂上的教学工具、一种传播媒介,理应顺势而为,随课堂形式、学生学习方式的改变而改变,朝着数字化、立体化、可视化的方向发展。因此,需要编写适应学生水平、便于学生接受的立体化财经类应用型本科教材。

　　我们组织具有多年应用型人才培养经验的优秀教师和实务界专家编写了这套教材。本系列教材有《会计基本技能》《出纳实务》《基础会计》《中级财务会计》《成本会计》《管理会计》《会计信息系统》《财务管理》《审计学》《高级财务会计》《商业分析》《税法》《经济法》《金融学》等品种。为了保证教材的质量,本系列教材聘请了知名高校的专家教授进行专门指导和审核。每本教材至少有一名本学科的知名专家或学科带头人提出审核指导意见,至少有一名高等院校教学一线的高级职称教师组织编写,至少有一名行业协会、实务界专家或教学研究机构人员提出编写建议。

本系列教材的特色如下。

1. 应用性

应用型本科的教材建设应坚持培养应用型本科人才的定位,充分吸收和借鉴传统的普通本科教材与高职高专类教材建设的优点和经验,以就业为导向,做到理论上高于高职高专类教材、动手能力的培养上高于传统的本科院校教材。本系列教材体现了应用型本科的定位,体现了素质教育和"以学生发展为本"的教育理念,遵循了高等教育教学基本规律,重视知识、能力和素质的协调发展,根据应用型人才培养模式对学生的创新精神、实践能力和适应能力的要求,在内容选材、教学方法、学习方法、实验和实训配套等方面突出了应用性特征。

2. 针对性

本系列教材的编写符合会计学、财务管理和审计学等专业的培养目标、培养需求、业务规格和教学大纲的基本要求,与各专业的课程结构和课程设置相对应,与课程平台和课程模块相对应。教材在结构纵横的布局、内容重点的选取、示例习题的设计等方面符合教改目标和教学大纲的要求,把教师的备课、试讲、授课、辅导答疑等教学环节有机地结合起来。

3. 立体化

本系列教材为立体化教材,实现了由传统纸质教材向"纸质教材+数字资源"的转变,通过技术手段将晦涩难懂的理论知识转变为直观的具体知识,以立体化、数字化的方式呈现,包括图文、动画、音频、视频等多种形式,生动、有趣且易懂,不仅可以激发学生的学习兴趣,还有利于教学效果的提升。

4. 趣味性

本系列教材注重趣味性,使用了大量的例题和案例,每章都加入了"思政育人""相关思考""延伸阅读"等内容,使读者能够加深理解,便于掌握相关内容。在案例、例题等的设计选用上重点突出趣味性,易于引发读者的共鸣。

5. 先进性

本系列教材反映了应用型会计人才教育教学改革的内容,能够反映学科领域的新发展。教材的整体规划、每一种教材的内容构建等均体现了创新性。教材还强调了系列配套,包括了教材、学习参考书、教学课件等。立体化教材在内容修订上更具有明显优势,线上资源可以随时根据政策法规、理论知识或工作实务等的变化进行调整,更有利于保持教材内容的先进性。

6. 基础性

本系列教材将打破传统教材自身知识框架的封闭性,尝试多方面知识的融会贯通,注重知识层次的递进,体现每一门科目的基本内容,同时在具体内容上突出实际运用能力,做到"教师易教,学生乐学,技能实用"。

7. 易于自学

自学能力是大学生的一项基本能力。学生只有具备了自主学习的能力,才能最终建立起终身学习的保障体系,这也是应用型本科人才培养的客观要求。应用技术型高校的生源素质与普通高校相比存在一定的差距,除了一部分是高考发挥失误的学生,还有一部分学生在学习习惯、基础知识等方面存在一定的欠缺,这就要求教材能够调动这部分学生的学习积极性,在理论方面尽量通俗易懂,在实践方面尽量采用案例式教学。为了有利于学生课后自主学习,本系列教材配套了学习指导书和教学课件。

因此,本系列教材的定位准确,特色明显,适用于应用型本科院校教学,容易得到学生和市场的认可,便于学生的自学和教师的教学。

"十四五"高等学校创新性数智化应用型经济管理规划教材凝聚了众多领导、教授和专家多年来的经验和心血。当然,由于我们的经验和人力有限,教材中难免存在不足,我们期待着各位同行、专家和读者的批评指正。我们将伴随着经济发展和会计环境的变迁不断修订教材,以便及时反映学科的最新发展和人才培养的最新变化。

本系列教材自2014年出版后,得到市场的认可,深受广大高校师生的欢迎。为了更好地回馈读者,本系列教材从2017年起启动第二版的修订工作,2019年启动第三版的修订工作,2021年启动第四版的修订工作。各种教材的修订版将陆续出版。我们会一如既往地做好教材修订和相关服务工作,希望广大读者对本套系列教材继续给予支持。

李 雪

2023年6月

前　言

"出纳实务实验"是高等学校会计学专业的核心课程。本书根据教育部颁布的高等学校会计专业课程设置和"出纳实务实验"课程教学的基本要求，为适应和满足高等学校精细化人才培养和全面素质教育的需要而编写。本书按照出纳的工作流程，将理论和实践紧密结合，以学生为主体，充分考虑到学生已有的知识、技能、经验与兴趣，在内容安排上融"教、学、做"于一体，易教、易懂、易学。同时，本书配以适当的实训，通过实训使学生熟练运用相关知识准确地完成各项任务，将专业理论知识转化为职业技能。

本书由五章组成：第一章是出纳概述，第二章是现金业务处理，第三章是银行业务处理，第四章是出纳账簿，第五章是货币资金的清查与结账。全书结构严密、目标明确、针对性强。

本书立足于应用型人才培养，以社会需求为导向，深入浅出地介绍了出纳实务实验的基本理论和实践操作，旨在帮助学生快速掌握和提升专业知识、业务操作能力，从而提高岗位适应能力及胜任能力。

本书具有以下特点：

(1) 框架清晰、知识连贯。本书围绕出纳岗位的实际工作内容设置了现金业务处理、银行业务处理、账簿、对账与结账等内容。在此基础上，本书对每个知识点进行了细分，采用承上启下的编写方式，知识连贯，理论全面，实践操作性强。

(2) 仿真实训、注重流程。本书结合了大量的业务原始单据、账簿，学生可以接触到真实表单，获得真实的业务实操体验。同时，本书"业务流程式"的编写模式，使学生能够亲身体会到出纳岗位工作办理业务的具体流程和步骤。

(3) 内容丰富、突出能力。本书根据现阶段出纳岗位的实际情况，以出纳岗位的各种业务为主线，以介绍工作流程中的各个程序和操作步骤为主要内容，围绕职业能力培养，注重内容的实用性和针对性，体现会计实验课程的本质特征。

(4) 资源丰富、趣味性强。本书针对内容设置了二维码，配套了相关视频、操作动画、前沿资讯、延伸阅读等，便于学生利用碎片化的时间学习，从而提高学生学习的热情和积极性。

本书由张玲担任主编，高杉和赵珍珍担任副主编，多位优秀教师和实务界专家共同参与编写。本书的具体编写分工如下：第一章由高杉编写，第二章由张玲、闫婷婷编写，第三章由张玲、姜林编写，第四章由王庆编写，第五章由赵珍珍编写。

本书在编写过程中参考了大量相关教材和论著，在此向有关作者致以深深的谢意！同时，本书中的原始凭证、仿真单据、软件操作界面、实训案例、任务试题等得到了厦门网中网软件有限公司的大力支持，在此深表感谢！

本书在编写过程中,编者进行了多次讨论研究,力求立意新颖、理念先进、内容充实、结构合理。然而,由于编者的理论水平和实践经验有一定的局限性,本书若有不足之处,敬请读者提出宝贵意见,以便日后不断改进和完善。

编　者
2023 年 6 月

目 录

第一章 出纳概述 ··· 1
第一节 出纳工作岗位认知 ··· 1
第二节 出纳基本技能 ·· 6
第三节 出纳岗位职业道德 ·· 18

第二章 现金业务处理 ··· 20
第一节 现金管理概述 ·· 20
第二节 现金的提取与送存 ·· 22
第三节 现金收支业务 ·· 33

第三章 银行业务处理 ··· 44
第一节 支票结算业务 ·· 45
第二节 银行本票结算业务 ·· 55
第三节 银行汇票结算业务 ·· 66
第四节 商业汇票结算业务 ·· 78
第五节 汇兑结算业务 ·· 99
第六节 托收承付结算业务 ··· 113
第七节 委托收款结算业务 ··· 128
第八节 电子支付结算业务 ··· 146

第四章 出纳账簿 ··· 163
第一节 账簿的启用 ·· 163
第二节 日记账的建立 ··· 168
第三节 日记账的登记 ··· 173

第五章 货币资金的清查与结账 ·· 178
第一节 货币资金的清查 ·· 178
第二节 期末结账 ··· 192

参考文献 ··· 197

第一章　出纳概述

 知识框架

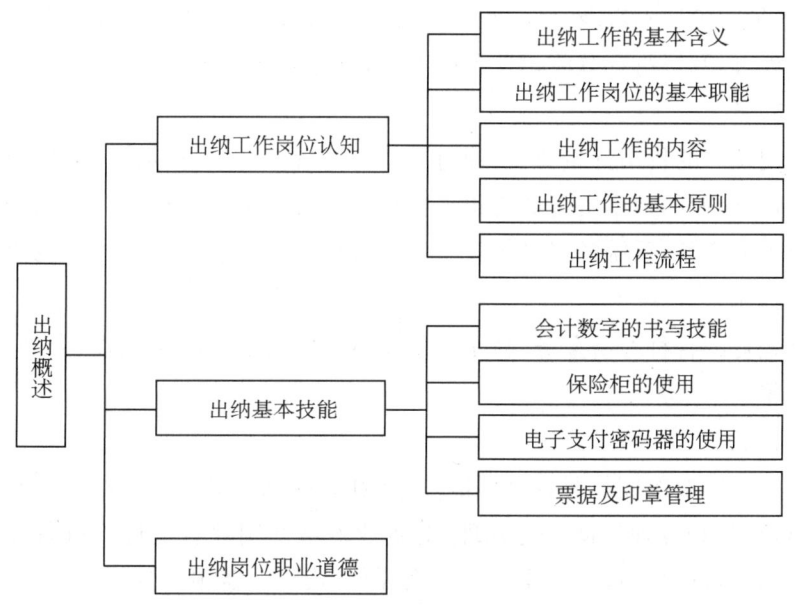

第一节　出纳工作岗位认知

一、出纳工作的基本含义

出纳一词中的"出"是支出,"纳"是收入,合起来作为一个会计名词,特指货币资金的收入与支出。一般而言,"出纳"一词有两层含义:一是出纳人员,二是出纳工作。

出纳人员是指企业会计部门专设负责办理现金收付、银行结算及有关账务处理的工作人员。具体来说,出纳人员应按照有关规章制度,承担保管库存现金、有价证券、财务印章及有关票据等工作。

出纳工作是指管理货币资金、票据、有价证券收付的工作。具体来说,它是按照有关规章制度,办理本单位的现金收付、银行结算及有关账务,保管库存现金、有价证券、财务印章

及有关票据等工作的总称。出纳工作涉及现金收付、银行结算等活动,而这些活动又直接关系到职工个人、单位乃至国家的经济利益,工作出了差错,就会造成不可挽回的损失。因此,了解出纳工作的特点,明确出纳工作的职责,是做好出纳工作的起码条件。

二、出纳工作岗位的基本职能

出纳工作是财会工作的重要组成部分。总的来讲,其基本职能可概括为收付、反映、监督和管理四个方面。

1. 收付职能

出纳最基本的职能是收付职能。企业经营活动少不了货物价款的收付、往来款项的收付,也少不了各种有价证券以及金融业务往来的办理。这些业务往来的现金、票据和有价证券的收付和办理,以及银行存款收付业务的办理,都必须经过出纳人员。

2. 反映职能

出纳要利用统一的货币计量单位,通过其特有的现金与银行存款日记账、有价证券的各种明细分类账,对企业的货币资金和有价证券进行详细的记录与核算,以便为经济管理和投资决策提供所需的完整、系统的经济信息。因此,反映职能是出纳工作的主要职能之一。

3. 监督职能

出纳要对企业的各种经济业务,特别是货币资金收付业务的合法性、合理性和有效性进行全过程的监督。

4. 管理职能

出纳还有一个重要的职能是管理职能。出纳的管理职能包括对货币资金与有价证券进行保管,对银行存款和各种票据进行管理,对企业资金使用效益进行分析研究,为企业投资决策提供金融信息,甚至直接参与企业的方案评估、投资效益预测分析等。

二维码1-1
拓展阅读:
出纳人员的
岗前准备

三、出纳工作的内容

虽然企业的特点不同,其资金运动也各有其特殊性,但只要有货币资金的收付,就要有出纳,出纳工作的目的就是让企业的钱"来得清清楚楚,用得明明白白"。因此,出纳工作的主要内容包括以下几个方面。

1. 货币资金收支的管理

出纳的货币资金收支管理工作主要包括两个方面:一是日常收支业务的办理;二是收支业务的账务核算。

(1)日常收支业务的办理包括:现金的收支;银行存款结算业务的办理;现金、各种有价证券、支票、结算凭证、自制票据和有关印章的保管;发票的开具;其他与货币资金有关的事宜。

(2)收支业务的账务核算包括:与现金及银行存款有关的记账凭证的编制;现金日记账、银行存款日记账、发票领用登记簿、其他与货币资金相关的备查簿的登记;出纳日报表的编制等。

2. 货币资金收支的监督

货币资金收支过程中会面临很多消极因素,为了保证货币资金收支的安全,必须对其实施有效的监督。出纳监督是依据国家有关的法律法规和企业的规章制度,在维护法律法规、执行会计制度的工作权限内,坚决抵制不合法的收支和弄虚作假的行为。出纳人员在办理现金和银行存款各项业务时,要严格按照法律法规进行,违反规定的业务一律拒绝办理;随时检查和监督法律法规的执行情况,以保证出纳工作的合法性、合理性,保护企业的经济利益不受侵害。

四、出纳工作的基本原则

出纳工作的基本原则主要指内部牵制原则,即钱账分管原则。

《中华人民共和国会计法》(以下简称《会计法》)第三十七条规定:"会计机构内部应当建立稽核制度。出纳人员不得兼管稽核、会计档案保管和收入、费用、债权债务账目的登记工作。"钱账分管原则是指凡是涉及款项和财物收付、结算及登记的任何一项工作,必须由两人或两人以上分工办理,以起到相互制约作用。例如,现金和银行存款的支付,应由会计机构负责人(会计主管人员)或其授权的代理人审核、批准,出纳人员付款,记账人员记账;发放工资,应由工资核算人员编制工资单,出纳人员向银行提取现金和分发工资,记账人员记账。实行钱账分管,主要是为了加强会计人员相互制约、相互监督、相互核对,提高会计核算质量,防止工作误差和营私舞弊等行为。

《会计法》专门规定出纳人员不得兼管稽核、会计档案保管和收入、费用、债权债务账目的登记工作,是由于出纳人员是各单位专门从事货币资金收付业务的会计人员,根据复式记账原理,每发生一笔货币资金收付业务,必然引起收入、费用或债权债务等账簿记录的变化,或者说每发生一笔货币资金收付业务都要登记收入、费用或债权债务等有关账簿。如果这些账簿登记工作都由出纳人员办理,会给贪污舞弊行为带来可乘之机;同样道理,如果稽核、内部档案保管工作也由出纳人员经管,则难以防止其利用抽换单据、涂改记录等手段进行舞弊。当然,出纳人员不是完全不能记账,只要所记的账不是收入、费用或债权债务方面的账目,是可以承担一部分记账工作的。总之,钱账分管原则是出纳工作的一项重要原则,各单位都应建立健全这一制度,防止营私舞弊行为的发生,维护国家和单位财产的安全。

五、出纳工作流程

(一)业务受理流程

出纳人员每天要处理大量的经济业务,协调各方面的经济利益关系,整天与钱打交道,工作琐碎,容易出差错。想要既提高出纳人员工作效率,又保证工作质量,就需要制定一个合理、有效的工作流程,使得出纳工作有条不紊地进行,以满足会计工作的需要。

1. 资金收入的一般程序

1) 清楚收入的来源和金额

出纳人员在收到一笔资金之前,应当清楚地知道要收到多少钱、收谁的钱、收什么性质

二维码1-2
技巧提示:
出纳工作岗位必备小技巧

的钱,再按不同的情况进行分析处理。其基本业务程序如下:

(1) 确定收款金额。如为现金收入,应考虑库存限额的要求。

(2) 明确付款人。出纳人员应当明确付款人的全称和有关情况,对于收到的背书支票或其他代为付款的情况,应由经办人加以注明。

(3) 若收到销售或劳务性质的收入,出纳人员应当根据有关的销售(或劳务)合同确定收款额是否按协议执行,并对预收账款、当期实现的收入和收回以前应收账款分别进行处理,保证账实一致。

(4) 若收回代付、代垫及其他应付款,出纳人员应当根据账务记录确定其收款额是否相符,具体包括企业为职工代付的水电费、房租、保险金、个人所得税、职工的个人借款和差旅费借款、企业交纳的押金等。

2) 清点收入

出纳人员在清楚收入的金额和来源后,进行清点核对,清点时应沉着冷静,不要图快。其业务程序如下:

(1) 现金清点。现金收入应与经办人当面点清,在清点过程中,出纳人员若发现短缺、假钞等特殊问题,应由经办人负责。

(2) 银行核实。银行结算收入应由出纳人员与银行相核对,如为电话询问或电话银行查询的,只能作为参考,在取得银行有关的收款凭证后,方可正式确认收入,进行账务处理。

(3) 清点核对无误后,按规定开具发票或内部使用的收据。如果收入金额较大的,出纳人员应及时上报有关领导,便于资金的安排调度,手续完毕后,在有关收款依据上加盖"收讫"章。

(4) 如果清点核对并开出单据后,再发现现金短缺或假钞,应出纳人员负责。

3) 收入退回

特殊原因导致收入退回的,如支票印鉴不清、收款单位账号错误等,应由出纳人员及时联系有关经办人或对方单位,重新办理收款。

2. 资金支出的一般程序

1) 明确支出的金额、收款人和用途

(1) 明确支出金额。出纳人员支付每一笔资金的时候,一定要知道准确的付款金额,合理安排资金。

(2) 明确收款人。出纳人员必须严格按合同、发票或有关依据记载的收款人进行付款,对于代为收款的,应当出具原收款人证明材料并与原收款人核实后,方可办理付款手续。

(3) 明确付款用途。对于不合法、不合理的付款,出纳人员应当坚决给予抵制并及时汇报。对于用途不明的付款,出纳人员可以拒付。

2) 付款审批

(1) 由经办人填制付款单证,注明付款金额和用途,并对付款事项的真实性和准确性负责。

(2) 有关证明人的签收。经办人的付款用途中,涉及实物的,应当有仓库保管员或实物负责人的签收;涉及差旅费用、销售费用等的,应当有证明人或知情人加以证明。

（3）有关领导的签字。收款人持证明手续完备的付款单据，报有关领导审阅并签字。

（4）到财务部门办理付款。收款人持内容完备的付款单证，报经会计审核后，由出纳人员办理付款。

3）办理付款

付款是资金支出中最关键的一环，出纳人员应当特别谨慎，要用"如履薄冰"的态度认真对待，因为款一旦付出，发生差错是很难追回的。出纳人员应严格核实付款金额、用途及有关审批手续。

（1）现金付款。收付双方应当面点清，在清点过程中发现短缺、假钞等情况，由出纳人员负责。

（2）银行付款。开具支票时，出纳人员应认真填写各项内容，保证要素完整、印鉴清晰、书写正确，如为现金支票，应附领票人的姓名、身份证号码及单位证明。办理转账或汇款时，出纳人员应书写准确、清晰、完整，保证收款人能按时收到款项。

（3）付款金额双方确认后，由收款人签字并加盖"付讫"章。如为转账或汇款的，银行单据直接作为已付款证明。

（4）如确认签字后，再发现现金短缺或其他情况，应由收款经办人负责。

4）付款退回

如因特殊原因造成支票或汇款退回的，出纳人员应当立即查明原因，如因我方责任引起的，应换开支票或重新汇款，不得借故拖延；如因对方责任引起的，应由对方重新补办手续方可办理。

相关思考 1-1

办理完汇款或转账后，应及时将有关银行单据传真给收款方确认。

（二）出纳业务账务处理流程

出纳业务账务处理流程如图 1-1 所示，具体如下。

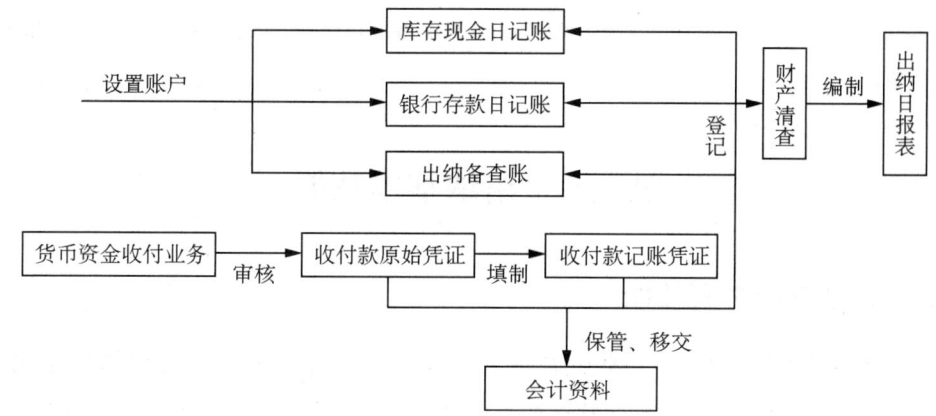

图 1-1　出纳业务账务处理流程图

(1) 按照经济业务内容设置出纳账户。
(2) 按照各项规章制度审核原始凭证。
(3) 根据审核无误的原始凭证填制相关记账凭证。
(4) 登记库存现金日记账、银行存款日记账及出纳备查账。
(5) 财产清查,保证账实相符、账账相符。
(6) 编制出纳日报表。
(7) 保管会计资料,按规定办理移交手续。

 延伸阅读1-1

出纳工作一般日程安排

出纳工作是按时间分阶段进行处理和总结的,因此出纳人员在了解资金收支的一般程序和账务处理之后,要对工作有个时间的概念,以保证出纳业务得到及时处理,出纳信息得到及时反映。

(1) 上班后,出纳人员应第一时间检查现金、有价证券及其他贵重物品。
(2) 出纳人员应向有关领导及会计主管请示资金安排计划。
(3) 出纳人员应列明当天应处理的事项,分清轻重缓急,根据工作时间合理安排。
(4) 出纳人员应按顺序办理各项收付款业务。
(5) 当天下班前,出纳人员应将所有的收付款单据编制记账凭证并登记入账。
(6) 出纳人员因特殊事项或情况,造成工作未完成的,应列明未尽事项,留待次日优先办理。
(7) 出纳人员应根据单位需要,每天或每周报送一次出纳报告。
(8) 当天下班前,出纳人员进行账实核对,必须保证现金实有数与现金日记账、总账相符;收到银行对账单的当天,出纳人员对其进行核实,使银行存款日记账、总账与银行对账单在进行余额调节后相符;将多余现金及时送存银行;根据需要编制当天的现金、银行存款日报表,报送给相关领导和会计人员。
(9) 每月终了前3天内,出纳人员应当对其保管的支票、发票、有价证券、重要结算凭证进行清点,按顺序进行登记核对。
(10) 其他出纳工作的办理。
(11) 当天下班前,出纳人员应整理好办公用品,锁好抽屉及保险柜,保持办公场所整洁,确保无资料遗漏或乱放现象。

第二节 出纳基本技能

一、会计数字的书写技能

数字的书写是出纳工作的一项基本功。出纳人员在日常工作中常用的数字书写有两种:一种是阿拉伯数字(小写金额);另一种是中文大写数字(大写金额)。数字的书写要求正确、规范、清晰、整洁、美观。

(一) 阿拉伯数字的书写

1. 书写顺序

书写数字时应从左到右,由高到低,一个一个数字地书写,笔画要流畅,不能连笔。

2. 书写角度

书写阿拉伯数字时,应自右上方向左下方倾斜地写,数字与底线夹角一般为 45°~60°。

3. 预留空格

数字要自上而下,自左向右进行,紧贴底线,不要悬空,上不可顶格。数字高度约占账表金额分位格的 1/2,数字间不能留有空格。

4. 大小一致

除了"6""7"和"9",其他数字大小、高度一致。

(1) "1"的下端应紧靠分位格的左下角。

(2) "4"的顶部不封口,写"∠"时应上抵中线,下至下半格的 1/4 处,并注意中竖是最关键的一笔,斜度应为 60 度,否则"4"就写成正体了。

(3) "6"的上端应比其他数字高出整个数字大小的 1/4。

(4) 写"7"和"9"时,上端比其他数字低 1/4,过底线的部分要占整个数字大小的 1/4,其他数字都要靠在底线上书写,不要悬空。

(5) 写"8"时,上方不能开口,注意起笔应写成斜"S"形。

(6) "0"要写成椭圆形,不能有缺口,其高度、宽度和斜度与一般数字相同。

(7) 除了"4""5",其他数字均应一笔写成,不能人为地增加数字的笔画。

 延伸阅读 1-2

阿拉伯数字书写在实务中的应用

(1) 在填制会计凭证时,阿拉伯数字前应当书写货币币种符号或者货币名称简写和币种符号。币种符号与阿拉伯数字之间不得留有空白。凡阿拉伯数字前写有币种符号的,数字后面不再写货币单位。

(2) 所有以元为单位的阿拉伯数字,除表示单价等情况,一律在元位小数点后填写到分位;无角、分的,角、分位可写"00"或符号"—";有角无分的,分位应写"0",不得用符号"—"代替。

(3) 小写金额数字书写可采用"三位分节制"记数法。"三位分节制"记数法是国际上通用的一种记数方法,即对于整数位在四位或四位以上的数,从个位起,向左每三位数字作为一节,用分节点",",或通过四分之一格分开,最前面不足三位的可单独成一个分节。

(二) 中文大写数字的书写

中文大写数字笔画多,不易涂改,主要用于填写需要防止涂改的销货发票、银行结算凭证等原始凭证,书写时要准确、清晰、工整、美观,如果写错,要标明凭证作废,需要重新填制凭证。

(1) 中文大写金额数字应一律用正楷或者行书书写。如壹、贰、叁、肆、伍、陆、柒、捌、玖、零、拾、佰、仟、万、亿、元、角、分、整(正)等字样。不得用中文小写一、二、三、四、五、六、七、八、九、十或廿、两、毛、另(或 0)、园等字样代替,不得任意自造简化字。

(2)中文大写金额前应加"人民币"字样,有固定格式的重要凭证,大写金额栏一般都印有"人民币"字样,书写时,金额数字应紧接在"人民币"后面,在"人民币"与大写金额之间不得留有空位;大写金额栏没有印"人民币"字样的,应在大写金额前填写"人民币"三字。

(3)中文大写金额到"元"为止的,应当写"整"或"正"字,如¥500.00应写成"人民币伍佰元整"。中文大写金额到"角"为止的,可以在"角"之后写"整"或"正"字,也可以不写,如¥150.30应写成"人民币壹佰伍拾元叁角整"或者"人民币壹佰伍拾元叁角"。中文大写金额到"分"位的,不写"整"或"正"字,如¥150.67应写成"人民币壹佰伍拾元陆角柒分"。

 相关思考1-2

中文大写金额到"元"为止的,应当写"整"或"正"字;中文大写金额到"分"位的,不写"整"或"正"字。

(4)当小写金额中有"0"时,大写金额应怎样书写,要看"0"所在的位置。阿拉伯数字中间有一个"0"或连续有几个"0"时,中文大写金额中间可以只写一个"零"字,如¥1 007.34,应写成"人民币壹仟零柒元叁角肆分"。阿拉伯数字万位或元位是"0",或者数字中间连续有几个"0",万位、元位也是"0",但千位、角位不是"0"时,中文大写金额中可以只写一个"零"字,也可以不写"零"字,如¥1 530.40应写成"人民币壹仟伍佰叁拾元零肆角整"或者"人民币壹仟伍佰叁拾元肆角整"。

(5)大写金额"拾""佰""仟""万"等数字前必须冠有数量字"壹""贰""叁""玖"等,不可省略。特别是壹拾几的"壹"字,由于人们习惯把"壹拾几""壹拾几万"说成"拾几""拾几万",所以在书写大写金额数字时很容易将"壹"字漏掉。例如,¥150 000.00应写成"人民币壹拾伍万元整",而不能写成"人民币拾伍万元整"。

(三)中文大写日期的书写要求

在会计工作中,经常要填写支票、汇票和本票,票据的出票日期必须使用中文大写。为防止变造票据的出票日期,在填写月、日时,月为壹、贰和壹拾的,日为壹至玖和壹拾、贰拾、叁拾的,应在其前加"零";日为拾壹至拾玖的,应在其前面加"壹"。例如,1月11日应写成"零壹月壹拾壹日"。票据出票日期使用小写填写的,银行不予受理。大写日期未按要求规范填写的,银行可予受理,但由此造成损失的,由出票人自行承担。

票据和结算凭证上一旦写错或漏写了数字,必须重新填写单据,不能在原单据上改写数字,以保证所提供数字真实、准确、及时完整。

(四)电子数字的书写

1. 小写金额数字的电子书写

在用阿拉伯数字填写金额时,在金额首位之前加一个"¥"符号,既可防止在金额前添加数字,又可表明金额单位是人民币。"¥"的电子书写主要有两种快捷方法:

(1)"Shift"+"$/4"组合键。将语言栏选择切换到中文状态,然后按键盘"Shift"+"$/4"组合键,中文状态是"¥",英文状态是"$"。

（2）使用搜狗输入法时,先直接输入人民币拼音的缩写,再选择"￥"。

2. 大写金额数字的电子书写

1）运用中文输入法输入大写数字

（1）在中文输入法状态下书写大写金额数字,如在搜狗输入法中文状态下输入字母"V",然后用数字小键盘输入需要大写的数字,如输入"456",再输入字母"b",即写成"肆佰伍拾陆"。

（2）在中文输入法状态下大写日期数字,如在搜狗输入法中文状态下输入字母"V",然后用数字小键盘输入需要大写的数字,如输入"2016",再输入字母"d",即写成"贰零壹陆"。

2）在 Excel 表输入大写金额数字

选中需要输入大写金额的单元格区域,然后按下"Ctrl"+"1"组合键,打开"设置单元格格式"对话框,切换到"特殊"选项卡,在"类型"列表框中选"中文大写数字"选项即可。

3）在 Word 中输入大写金额数字

如果要输入大写金额数字,可以用菜单栏中"插入"选项,选择"数字"命令。例如,输入小写数字"10000",选中小写数字后,从"插入"菜单中选择"数字"命令,在对话框中选择"壹,贰,叁,……"项或"壹元整,贰元整,叁元整,……"项,点击"确定",就可显示"壹万";或者也可以直接在"数字"对话框中输入数字。

二、保险柜的使用

为了保护企业财产安全和完整,企业应配备专用保险柜,专门用于库存现金、各种有价证券、银行票据、印章及其他出纳票据等的保管。

（一）保险柜的购买配备

保险柜必须是国家技术监督部门和公安机关认可的品牌,并根据实际情况考虑安装报警系统。

目前使用的保险柜有机械式保险柜和电子保险柜,随着时代的发展及安全的需要,机械式保险柜(图1-2)已经逐渐退出历史舞台,取而代之的是现代的电子保险柜(图1-3),其保密效果更佳。

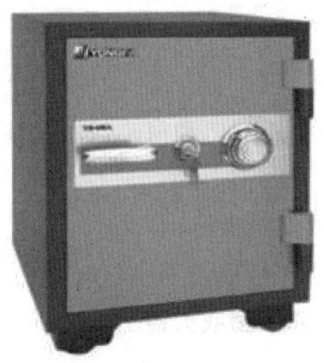

图 1-2　机械式保险柜　　　　图 1-3　电子保险柜

（二）保险柜的管理

保险柜一般由总会计师或财务经理、财务总监授权，由出纳人员负责管理使用。

1. 保险柜钥匙的配备

保险柜必须配备两把钥匙，一把由出纳人员保管，供出纳人员每日工作时开启使用；另一把交由保卫部门封存，或由单位总会计师或财务经理负责保管，以备紧急情况下经有关领导批准后开启使用。出纳人员不能将保险柜钥匙交由他人代为保管。

2. 保险柜的开启

保险柜必须由出纳人员开启使用，非出纳人员不得开启保险柜。若单位总会计师或财务经理需要对出纳人员工作进行检查，如检查库存现金限额、其他特殊情况需要开启保险柜的，应根据规定的程序由总会计师或财务经理开启。在通常情况下，不得任意开启由出纳人员掌管使用的保险柜。

3. 保险柜财物的保管

每日下班前，出纳人员应将其使用的空白支票、收据、印章等放入保险柜内。保险柜内存放的现金应设置和登记现金日记账，其他有价证券、存折、票据等应根据种类造册登记，贵重物品应按种类设置备查簿，登记其质量、重量、金额等，所有财物应与账簿记录核对一致。按规定，保险柜内不得存放私人财物。

4. 保险柜密码管理

（1）出纳人员应将自己保管使用的保险柜密码熟记于脑，不得书面记载，严格保密，不得向他人泄露，以防被他人利用。

（2）密码应在本单位安保部门或财务负责人处备份封存，作为备用。

（3）出纳人员调动岗位，新出纳人员应更换使用新的密码。

（4）下班前要锁好保险柜，打乱密码，将钥匙带走，印章和支票要分开保管；检查关闭好门窗、电器，开启报警装置（如有），锁好防盗门窗。

> **相关思考 1-3**
>
> 出纳调动岗位，新出纳员应认真清点和检查空白支票、收据、印章，还应更换使用新的保险柜密码。

（三）保险柜的安置与维护

（1）保险柜应放置在隐蔽、干燥之处，不宜置于靠近门口和窗户区域并注意通风、防湿、防潮、防虫和防鼠。

（2）安置保险柜的房间，应当按照国家规定采取安防措施。

（3）保险柜外要经常擦抹干净，保险柜内财物应保持整洁卫生、存放整齐。一旦保险柜发生故障，应到公安机关指定的维修店进行修理，以防泄密或失盗。

（四）保险柜被盗的处理

出纳人员发现保险柜被盗后应迅速采取以下措施：

(1)保护好现场,禁止无关人员进入现场,不要触动现场任何物品。

(2)迅速报告公安机关(或保卫处),待公安机关勘查现场时才能清理财物被盗情况。

(3)不向无关人员泄露相关信息。

(4)回忆对破案可能有所帮助的信息。

(5)协助好侦破工作。

(6)节假日满两天以上或出纳人员离开两天以上没有派人代其工作的,应在保险柜锁孔处贴上封条,出纳人员到位工作时揭封。如发现封条被撕掉或锁孔处被弄坏,应迅速向公安机关或保卫部门报告,以使公安机关或保卫部门及时查清情况,防止不法分子进一步作案。

三、电子支付密码器的使用

(一)电子支付密码器的使用范围

按照中国人民银行的要求,电子支付密码器主要应用在支票(包括现金支票、转账支票)、汇兑凭证(电汇、信汇凭证)、银行汇票申请书、银行本票申请书和中国人民银行规定的其他类票据上。只要是开通密码支付的地区,无论是使用现金支票进行取现,还是使用转账支票进行转账,或者是使用电汇凭证汇款等业务,都离不开电子支付密码器的使用。

二维码1-3
相关案例:
保险柜被盗处理

(二)电子支付密码系统的原理及使用要求

1. 电子支付密码系统的原理

(1)电子支付密码系统的原理是企业利用银行发行的密码支付器,在签发票据时,对票据上的各要素综合进行加密运算产生支付密码。企业在签发票据时将票据对应的支付密码(图1-4)填写在票据上,作为票据真伪的主要鉴定手段或印鉴的辅助鉴定手段。由于支付密码是根据票据的每一个要素,使用高强度加密算法得出,其具有极高的安全性。

(2)这种加密算法作为国家商用密码系统的核心机密,其安全性毋庸置疑,杜绝了伪造支付密码的情况。票据中的各要素与计算出的支付密码直接关联,所以票据要素中的任何一个微小改动,都将导致计算结果的完全不同,这就从根本上杜绝了涂改票据数额的违法行为的发生。

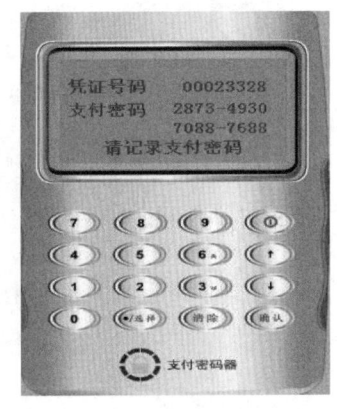

图1-4 支付密码

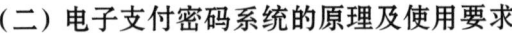

相关思考1-4

电子支付密码器计算出的16位密码,填写到票据中时,要横着书写。

2. 电子支付密码系统的使用要求

(1)任何厂家的一台通用性密码支付器,都可以加载同一单位在不同银行的最多20个账号,可以在所有的银行使用。

(2) 密码支付器只限于存款人自己使用,不得转让、出租、出借或与其他存款人共用,存款人违反支付密码支付器使用规定造成的损失,由存款人自行负责。

(3) 密码支付器遗失后,存款人可以向开户银行申请停用,也可以向开户银行申请注销。存款人可以重新启用已经停用但停用时间未超过 30 天的密码支付器,停用超过 30 天的,银行系统将自动注销该密码支付器。已经停用或注销的密码支付器,自停用或注销日起,该密码支付器签发的所有凭证都不能通过审核。

(三) 支付密码的产生方式

支付密码与票据要素紧密相关,任何微小的篡改都无法通过银行支付密码校验系统校验,支付密码的产生方式主要有三种。

1. 支付密码器方式

利用银行发行的电子支付密码器,客户在签票时对票据上的各要素进行综合运算后产生支付密码,填写在票据上。

2. 支付密码单方式

银行在票据发行时,配套发行以密码信封方式打印的与票据号对应的支付密码,客户在签发票据时,在票据上填写对应的支付密码,如图 1-5 所示。

图 1-5 填写支付密码

3. 支付密码卡方式

客户在进行如企业电子银行或者网上银行等联机交易时,插在企业终端里的支付密码卡自动计算支付密码,附加在交易请求报文中。

(四) 支付密码的使用流程

(1) 单位财务人员根据账号、票据类型、出票日期、票据号码和签发金额等要素使用支付密码器算出此张票据的支付密码,并填写在凭证上。

(2) 单位持填有支付密码的票据流转到银行兑付时,银行柜员会将支付密码提交至支付密码核验系统,由电脑进行自动校验。如果核验正确,则自动提交至会计系统进行结算;如果核验错误,则等同为印鉴不符,办理退票。

四、票据及印章管理

(一) 支票管理

1. 支票的购买

企业开立基本存款账户后,便可以在开户银行购买现金支票和转账支票,出纳人员购买支票时,应按照以下流程:

(1) 填写空白凭证领用单,如图1-6所示。

图1-6 空白凭证领用单(未盖章)

(2) 加盖企业的银行预留印鉴,如图1-7所示。

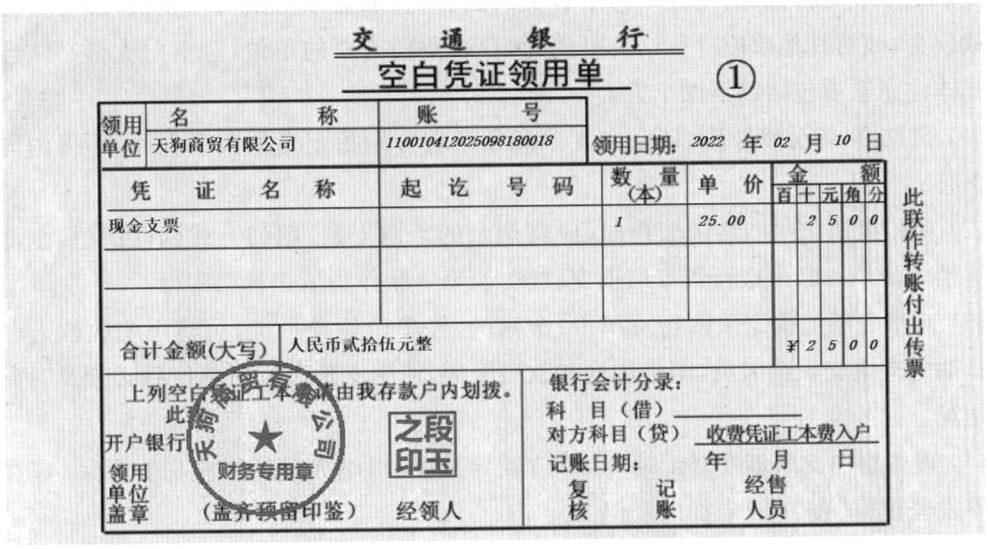

图1-7 空白凭证领用单(盖章)

(3) 银行审核无误后,收取手续费及工本费,出纳人员在银行的票据领用簿上签收,然后银行工作人员将空白的凭证和收费单交给出纳人员。

2. 支票的申请

企业支票的使用必须填写支票领用单(表1-1),由经办人、部门经理、财务经理、总经理签字后方可由出纳人员开出。

表 1-1　　　　　　　　　　支票领用单

申请人		部门	
用途			
支票金额			
支票种类		使用日期	
支票领用用途:			
审批栏			
申请人(出纳人员)签字		财务主管审批	总经理审批
确认栏			
会计人员签字		出纳人员签收	支票号码

3. 空白支票的保管

支票是一种支付凭证,一旦填写了有关的内容,并加盖预留银行印鉴后,即可直接从银行提取现金,或与其他单位进行结算。因此,存有空白支票的单位,对空白支票必须严格管理。具体注意事项包括以下四个方面:

(1) 贯彻票、印分管原则,即空白支票和印章应分别指定专人负责保管,不得由同一人负责保管。

(2) 单位撤销、合并、结清账户时,应将剩余的空白支票,填列一式两联清单,全部交回银行注销。清单一联由银行盖章后退交收款人,另一联作为清户传票附件。

(3) 对事先不能确定采购物资单价、金额的,经单位领导批准,可将填明收款人名称和签发日期的支票交采购人员,明确用途和款项限额,使用支票人员回单位后必须及时向财务部门结算。

(4) 设置空白支票签发登记簿,经单位领导批准,出纳人员签发空白支票后,应在空白支票签发登记簿(表1-2)中加以登记。

表 1-2　　　　　　　　　　　　空白支票签发登记簿

领用日期	支票号码	领用人员	用途	收款单位	限额	批准人	销号日期	备注

4. 收款支票、转让支票、报废支票的管理

出纳人员不应只重视空白支票的管理，也应重视对从外单位收受的支票的管理与保管，宜建立支票收款登记簿、支票转让登记簿、支票作废登记簿。其中支票作废登记簿如表1-3所示。

表 1-3　　　　　　　　　　　　支票作废登记簿

序号	支票号	出票日期	作废原因	面值

（二）有价证券的管理

有价证券是指具有一定票面价格，能够给其持有人定期带来收入的所有权或债权凭证。企业持有的有价证券是企业资产的一个组成部分，具有与现金相同的性质和价值。

1. 有价证券的类别

企业拥有的有价证券通常包括国库券、特种国债、国家重点建设债券、地方债券、金融债券、企业债券和股票等，从广义上说，有价证券还包括汇票、支票、提货单等。

2. 有价证券的保管

由于有价证券能够变现，具有与现金相同的性质和价值，企业持有的有价证券必须由出纳人员按照与货币资金相同的要求进行管理。

1）实行账证分管

账证分管就是指由会计部门管账、出纳部门管证，这样可以相互牵制、互相核对。

2）按货币资金的管理要求进行管理

有价证券的变现能力很强，具有与现金相同的性质和价值。所以，企业持有的有价证券（包括记名的和不记名的）必须由出纳人员按照与货币资金相同的要求进行管理。有价证券除了法人认购的股票，一般是不记名的，所以在保管上难度较大。出纳人员有保管现金的经

验,并具有保护其安全的客观条件,因此是保管企业有价证券的最佳人选。有价证券必须由出纳人员分类整齐地摆放在保险柜内保管,切忌由经办人自行保管。此外,出纳人员还要随时或定期进行抽查与盘点。出纳人员对自己保管的各种有价证券的面额和号码应保守秘密。

3) 专设出纳账进行详细核算

出纳人员对自己负责保管的各种有价证券,要专设出纳账进行详细核算,并由总账会计的总分类账进行控制,如设置"长期股权投资——股票投资(××企业)""长期债权投资——债券投资(××企业)"等长期投资明细账,在总账"长期股权投资"和"长期债权投资"账户的控制下,由出纳人员进行登记,并定期出具收、付、存报告单。出纳部门的有价证券明细账要按证券种类分设户头,所记金额应与总账会计相一致,当账面金额与证券面值不一致时,应在"摘要"栏内注明证券的批次、面值和张数。必要时,出纳人员还可以设置辅助登记簿进行补充登记。

4) 非出纳人员使用有价证券

当业务人员提取有价证券时,出纳人员应要求其办理类似现金借据的正规手续,以此作为支付凭证。业务办理完毕后,业务人员应交还有价证券,并由出纳人员在借据上加盖注销章后退还出具人。

5) 建立有价证券购销明细表

为了及时掌握各种证券的到期时间,出纳人员可以通过编制有价证券购销明细表来避免失误,有价证券购销明细表详细标明各种有价证券的购入与到期时间,也可以通过同时按证券种类和批次设置明细账并在"摘要"栏注明到期日的办法,来提供有价证券的购销时间。

(三) 收据管理

1. 收据的保管

收据是表明收据开出者收到各种业务款项的货币凭证。企业的收据由财务部门统一印制(购买),出纳人员负责使用和登记,出纳人员应设立《收据使用登记本》于使用时进行登记,开具收据时必须注明客户名、金额、收款时间、款项性质、交款人和收款人等事项;收据除了出纳人员可以使用,只有公司经理可以领用,工程经理若代收工程款,统一到出纳人员处领取收据,出纳人员根据预计要收的金额先开好收据,然后在 24 小时内将收回的款项准时入账,由于收据丢失等造成的一切损失一律由当事人承担,其他人员一律不得借领收据。

2. 收据的领用及开具要求

收款收据只允许企业中具有收款业务的单位专人领用。领用时由财务部门在登记簿上登记收据号码、领用日期、用途等,领用人签字登记后领用。

收取销售款、房租、物业管理费、个人还款等可以开具收款收据。收款收据中,出纳人员应详细列明付款单位、收款内容、收款大小写金额,由收款人凭收款收据记账联、所收现金或银行票据到财务部办理收款手续。

（四）印章管理

1．企业印章

实际工作中较常见的企业印章有公章、财务专用章、合同专用章、发票专用章、法人章、现金付讫章、现金收讫章和作废章等。

2．印章的保管

由于每个印章的作用不同，企业对印章的管理都有相应的制度。一般来说，各个印章要放在相应的保管人处。公章一般放在总经理或总经理授权人员处；法人章一般放在法定代表人或法定代表授权人员处；财务专用章一般放在财务经理或财务经理指定人员处；发票专用章一般由销售会计管理，也有一些小企业会交给出纳人员管理；现金收讫、现金付讫章由出纳人员自行保管。为了方便日常工作，出纳人员应清楚相关印鉴由谁保管。在企业众多的印章中，银行预留印鉴是办理各种银行业务时不可或缺的，是出纳人员应重点掌握的内容。

企业一般将财务专用章和法人章或企业公章和法人章配套作为企业在银行的预留印鉴。在印鉴卡片上留印时不得有重叠、重影，确保预留印鉴清晰、易辨别审核。银行预留印鉴对企业来说非常重要，应该由专门人员分别保管。

 相关思考 1-5

企业要贯彻票、印分管的原则，空白支票和印章不得由一人负责保管。这样可以明确责任，形成制约机制，防止舞弊行为。

3．印章丢失或需要更换银行预留印鉴的处理

企业如果发生印鉴遗失或需要更换银行预留印鉴，出纳人员应向银行办理相关手续。开户单位向开户银行提出申请，填写印鉴变更申请书，与证明情况的公函一并交银行审核，经银行同意后，在银行发给的新印鉴卡的背面加盖原银行预留印鉴，在正面加盖新更换的印鉴，与银行约定新印鉴的启用日期。

延伸阅读 1-3

印章的交接及罚则

1．交接

（1）财务人员调动或者调岗时，须办理印章交接手续，交接财务印章及相关资料。

（2）总公司或分支公司财务印章交接由总公司财务总监监交。交接书上应记录印章交接的时间、枚数、名称，并在相应位置加盖所交接印章的印模。

2．罚则

保管和使用印章的相关人员应恪尽职守，确保真实严格、规范安全地使用印章。如有以下行为，未给公司造成损失和不良影响的，给予批评教育；造成不良影响的或直接经济损失的，报总公司行政中心给予处理：

（1）履行审核、审查、审批等手续过程中，故意隐瞒真实情况或不完整提供相关资料骗取同意的。
（2）未经批准擅自刻制、使用、复制、出借、转借印章的。
（3）未按审批用途将印章挪做他用的。
（4）未按规定流程申请、审批、登记、移交接交印章的。
（5）保管、使用不当，造成印章损毁、遗失或盗用的。

第三节 出纳岗位职业道德

根据《会计基础工作规范》规定，出纳人员应具备的职业道德主要包括如下方面。

1. 爱岗敬业，尽职尽责

爱岗就是要求出纳人员要热爱本职工作，安心本职岗位，并为做好本职工作尽心尽力、尽职尽责。敬业是指出纳人员对其所从事的出纳工作要有正确的认识和恭敬的态度，要严肃认真地对待本职工作，将身心与本职工作融为一体。

2. 了解政策，熟悉法规

出纳人员应当了解企业所在地区的相关经济政策，熟悉法律法规、会计准则和国家统一会计制度，在处理经济业务过程中，不为主观或他人意志左右，始终坚持准则，确保所提供会计信息的真实性、完整性，并自觉维护国家利益、社会公众利益和正常的经济秩序。

3. 依法办事，规范操作

出纳人员应当按照会计法律、法规和国家统一会计制度规定的程序和要求进行工作，保证提供的会计信息合法、真实、准确、及时、完整。

二维码1-4
拓展阅读：
签发空白支票

4. 客观公正，实事求是

客观是指出纳人员开展工作时，要端正态度、依法办事、实事求是，以客观事实为依据，如实地记录和反映实际经济业务事项，会计核算要准确，记录要可靠，凭证要合法。公正是指出纳人员在履行其职能时，要做到公平公正、不偏不倚，保持应有的独立性，以维护会计主体和社会公众的利益。

5. 诚实守信，保守秘密

出纳人员要谨慎从业，信誉至上，不为利益所诱惑，不伪造账目，不弄虚作假，如实反映单位经济业务事项。同时，出纳人员还应当保守本单位的商业秘密，除法律规定和单位领导同意，不能私自向外界提供或泄露单位的会计信息。

6. 强化服务意识，提高服务质量

出纳人员应具有强烈的服务意识、文明的服务态度和优良的服务质量。出纳人员必须端正服务态度，做到讲信誉、讲诚实、守原则、重承诺，真实、客观地核算单位的经济业务，努力维护和提升出纳职业的良好社会形象。

除此之外，出纳人员还应特别注意如下两点：

一是要清正廉洁，坚持原则。清正廉洁是出纳人员的立业之本，是出纳人员职业道德的首要方面。出纳人员掌握着一个单位的现金和银行存款,若要把公款据为己有或挪作私用,均有方便的条件和较多的机会。同时,外部的经济违法分子也往往会在出纳人员身上打主意,施以小惠,拉其下水。应该说,面对钱欲物欲的考验,绝大多数出纳人员以坚定的意志和清正廉洁的高贵品质赢得了人们的赞誉。当然,也有少数出纳人员利用职务之便贪污舞弊、监守自盗、挪用公款,到头来,害了集体也害了自己。此外,出纳人员肩负着处理各种利益关系的重任,只有坚持原则,才能正确处理国家、集体与个人的利益关系。

二是要提高技能,参与管理。出纳人员应通过学习、培训和实践等途径,不断提高理论水平、实务能力、职业判断能力、自动更新知识能力、提供会计信息能力、沟通交流能力等,运用所掌握的知识、技能和经验,开展出纳工作,履行出纳职责,以适应社会不断发展的出纳工作需要。同时,出纳人员应树立参与管理的意识,全面熟悉本单位货币资金及相关经营管理活动和业务流程,协助领导决策,参与管理活动,做好领导的参谋。

相关思考1-6

二维码1-5
相关案例:
单位出纳挪用公款获刑8年

诚信为本,操守为重

中国现代会计之父潘序伦先生终身倡导:"立信,乃会计之本。没有信用,也就没有会计。""信以立志、信以守身、信以处事、信以待人,毋忘立信,当必有成。"

第二章　现金业务处理

知识框架

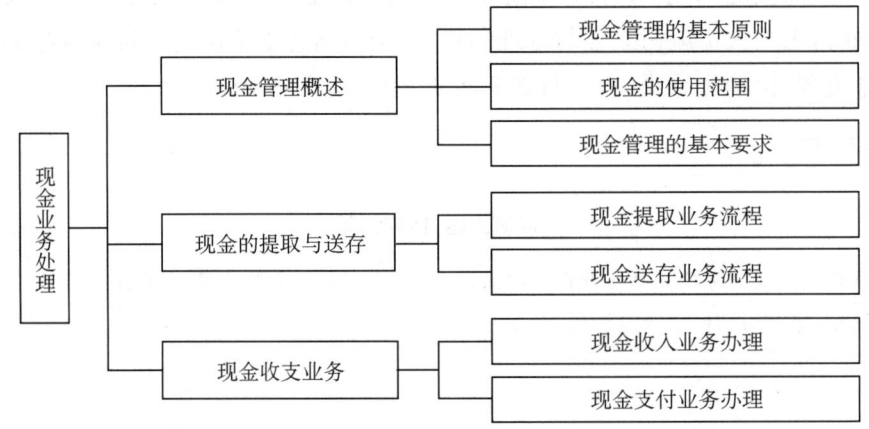

第一节　现金管理概述

一、现金管理的基本原则

现金管理就是对现金的收、付、存等各环节进行的管理。依据《现金管理暂行条例》，现金管理的基本原则是：

(1) 开户单位库存现金一律实行限额管理。

(2) 不准擅自坐支现金。坐支现金容易打乱现金收支渠道，不利于开户银行对企业的现金进行有效的监督和管理。

(3) 企业收入的现金不准作为储蓄存款存储。

(4) 收入现金应及时送存银行，企业的现金收入应于当天送存开户银行，确有困难的，应由开户银行确定送存时间。

(5) 严格按照国家规定的开支范围使用现金，结算金额超过起点的，不得使用现金。

(6) 不准编造用途套取现金。企业在国家规定的现金使用范围和限额内需要现金，应从开户银行提取，提取时应写明用途，不得编造用途套取现金。

(7) 企业之间不得相互借用现金。

二、现金的使用范围

开户单位可以在下列范围内使用现金：

(1) 职工工资、津贴。

(2) 个人劳务报酬。

(3) 根据国家规定颁发给个人的科学技术、文化艺术、体育等各种奖金。

(4) 各种劳保、福利费用及国家规定的对个人其他现金支出。

(5) 收购单位向个人收购农副产品和其他物资的价款。

(6) 出差人员必须随身携带的差旅费。

(7) 结算起点(1 000元)以下的零星支出。

(8) 中国人民银行确定需要现金支付的其他支出。

三、现金管理的基本要求

(1) 严格遵守开户银行核定的库存现金限额。库存现金限额由开户银行根据开户单位3～5天的日常零星开支所需要的现金核定。超过库存限额以外的现金应在下班前送存银行。

(2) 严格实行收支两条线，不得擅自坐支现金。各单位现金收入应于当日送存银行。单位支付现金可以从本单位库存现金限额中支付或者从开户银行提取，不得从本单位的现金收入中直接支付(即坐支)。

(3) 开户单位应当建立健全现金账目，逐笔记载现金支付。账目应当日清月结、账款相符，严格执行八个"不准"。

(4) 建立现金收支业务的岗位责任制，加强现金管理内部控制。会计机构内部必须由专职(或兼职)的出纳人员负责管理现金。出纳人员不能兼管稽核、会计档案保管和收入、费用、债权债务账目的登记工作。

(5) 一切现金收付必须有合法的原始凭证。收入现金应开具收款收据，并必须坚持先收款后开收据；支出现金时，出纳人员应按规定程序审核并办理现金支付手续。出纳人员收付款后，必须在相关的凭证上加盖"现金收讫"或"现金付讫"印章。

(6) 大额现金支付登记备案制度。工资性支出和农副产品采购所用现金支出除外。

(7) 严格执行现金清查盘点制度。

思政育人

君子爱财，取之有道

为了确保日常经营活动的开展，企业需要持有一定数量的备用金。然而有的企业相关人员在花钱以后提供的是不符合规定的字条或单据，这些字条或单据就被称为"白条"。用"白条"支付现金扰乱了财务管理，增加了现金支付的随意性，容易造成浪费、挪用公款、贪污营私等问题。因此，现金的收入和支出必须有合法的会计凭证并按照规定手续进行办理。

二维码2-1
微课视频：
现金管理

君子爱财,取之有道。法网恢恢,疏而不漏。我们不能贪图享乐,抵制不住金钱的诱惑,试图通过一些歪门邪道、损人利己、以权谋私的方式来获取不义之财。作为会计人员,我们也必须真正具有"常在河边走,就是不湿鞋"的自律意识,树立"诚信为本、操守为重、坚持准则、不做假账"的诚信意识,提高会计职业意识和职业素养。

第二节　现金的提取与送存

实验目的

通过本节课的教学,学生能够了解库存现金的管理制度;熟悉现金提取与送存业务的基本流程及相关规定;能够准确填制和审核现金支票、现金交款单等原始单据。

理论知识点

1. 现金提取基本规定

当企业零星支出需要支付现金,库存现金余额小于库存现金限额而需要补足现金时,可从银行基本存款账户提取现金,提取现金时必须填写现金支票。现金支票是专门用于支取现金的一种支票,由存款人签发,委托开户银行向收款人支付一定数额的现金。开户单位应按现金的开支范围签发现金支票。

2. 现金提取业务流程

现金提取流程如图2-1所示。

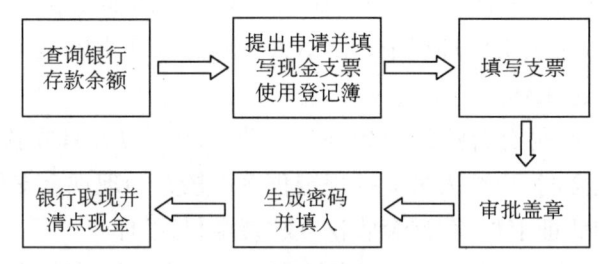

图2-1　现金提取流程图

3. 现金送存银行业务流程

出纳人员对当天收到的现金和超出库存限额部分的现金应当及时送存银行,其程序一般为:

(1)整点票币,按票面金额整理,清点现金。

(2)到银行送存现款,填写现金解款单。

(3)银行及送款人双方确认无误后,由银行按规定在现金解款单上签章,银行盖章后退回交款人回单联。

(4)出纳人员将审核无误的银行回单交会计人员填制记账凭证。

(5)出纳人员根据审核无误的记账凭证登记库存现金日记账。

实验内容及操作步骤

一、现金提取业务流程

【实验内容】

2022年3月1日,天狗商贸有限公司总经理出差,需要预借差旅费3万～5万元现金。请根据背景资料,完成现金提取的流程。

【操作步骤】

1. 查询银行存款余额

实务中,出纳人员需要提取现金时,应先查询企业基本存款账户的余额,以确定银行存款余额大于要取现的金额,防止开具空头支票,给公司造成不必要的损失。查询时可以致电开户银行或者登录企业网上银行进行查询。本业务以登录企业网上银行进行查询为例进行讲解,具体操作步骤如图2-2至图2-5所示。

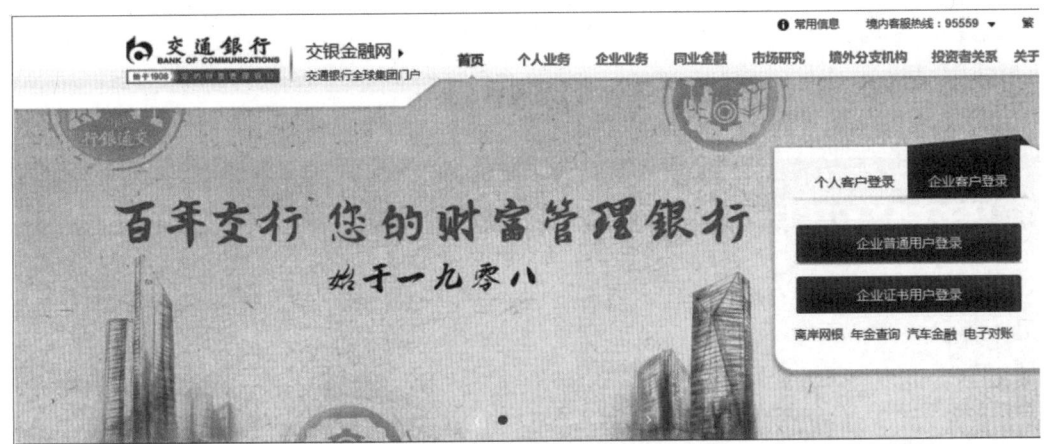

图2-2 点击企业客户登录

图2-3 点击登录

图 2-4　点击账务查询

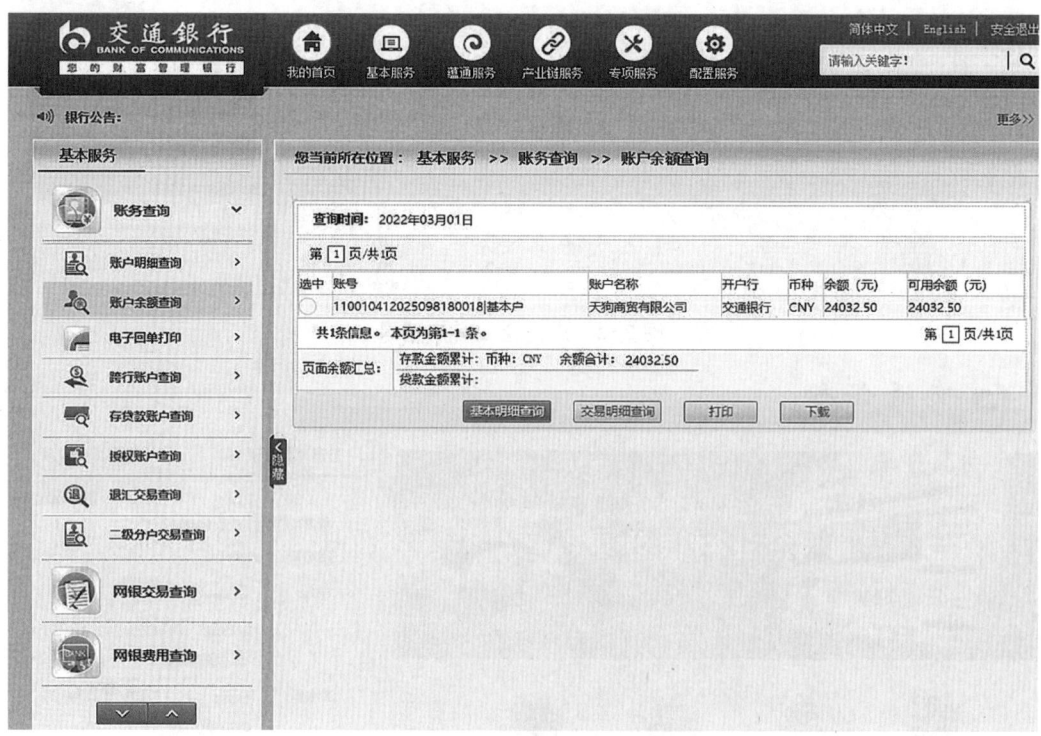

图 2-5　查看账户余额

2. 提出取现申请并填写现金支票使用登记簿

2022年3月1日,天狗商贸有限公司需提取差旅费20 000.00元,取现申请已批准,请帮出纳人员穆婉清填写现金支票使用登记簿(支票号码:20195542)。

出纳人员使用现金支票取现前需要申请财务经理或者相关领导批准,同时登记现金支票的使用情况,包括使用时间、现金支票的号码、支取金额、用途等,并在领用人处签章,如图2-6所示。

现金支票使用登记簿

日期	购入支票号码	使用支票号码	领用人	金额	用途	备注
2022年02月27日		20195540	穆婉清	¥12000.00	发放工资	
2022年02月28日		20195541	穆婉清	¥10000.00	备用金	
2022年03月01日		20195542	穆婉清	¥20000.00	差旅费	

图2-6 现金支票使用登记簿

3. 填写支票

现金支票的填写要求非常严格,要注意日期、金额的书写规范,大小写金额要一致,用途填写清楚、字迹要清晰,如图2-7和图2-8所示。

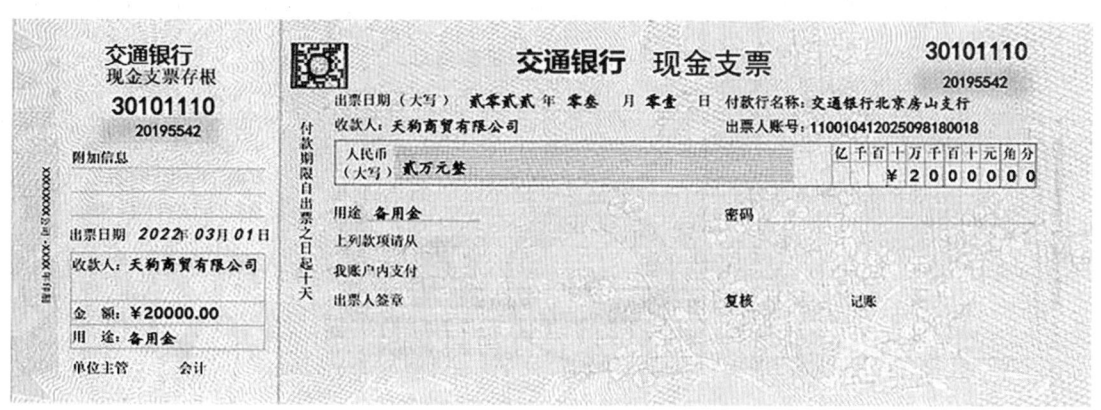

图2-7 现金支票(正面)

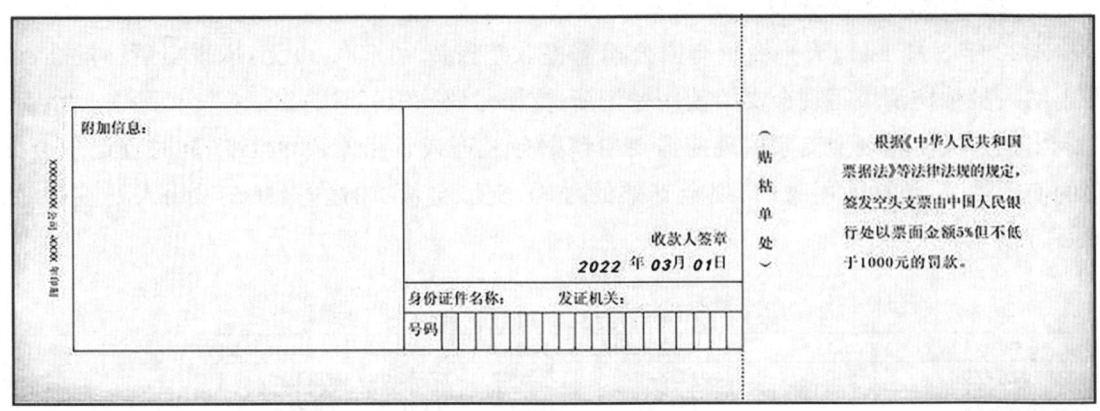

图 2-8　现金支票(背面)

4. 审批盖章

现金支票填写完整后,必须在支票正反两面加盖企业的银行预留印鉴。印章要盖清楚,并且印章之间不能出现重叠,如图 2-9 和图 2-10 所示。

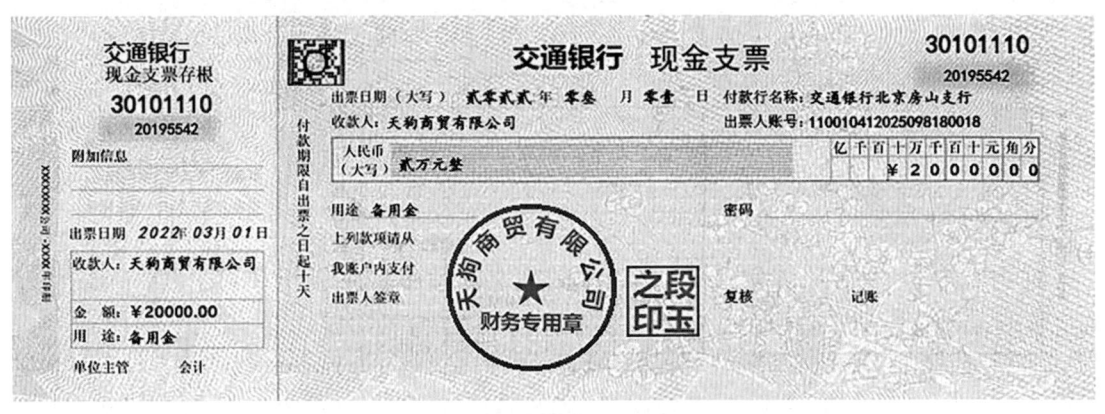

图 2-9　现金支票(正面盖章)

图 2-10　现金支票(背面盖章)

5. 生成密码并填入

2022年3月1日,请填写审核盖章完的现金支票的支付密码。

银行在受理现金支票取现业务时,是根据银行预留印鉴及支付密码来判断是否将款项交由持票人的,支付密码是银行为进一步加强票据风险控制而设置的最后一道防线,只有在支票上填写的密码与银行的数据一致,银行才会付款。因此,出纳人员在办理取现业务时,应使用支付密码器生成支付密码,如图2-11至图2-19所示,并将密码填写到现金支票上,如图2-20所示。

图2-11　选择签发人

图2-12　要求输入口令

图2-13　输入口令

图2-14　选择签发凭证

图2-15　选择签发人账号

图2-16　选择业务种类

图 2-17 输入凭证数据

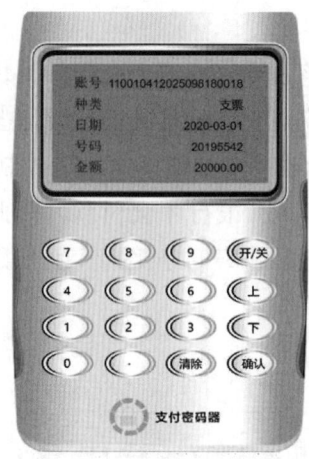
图 2-18 核对信息

图 2-19 生成密码

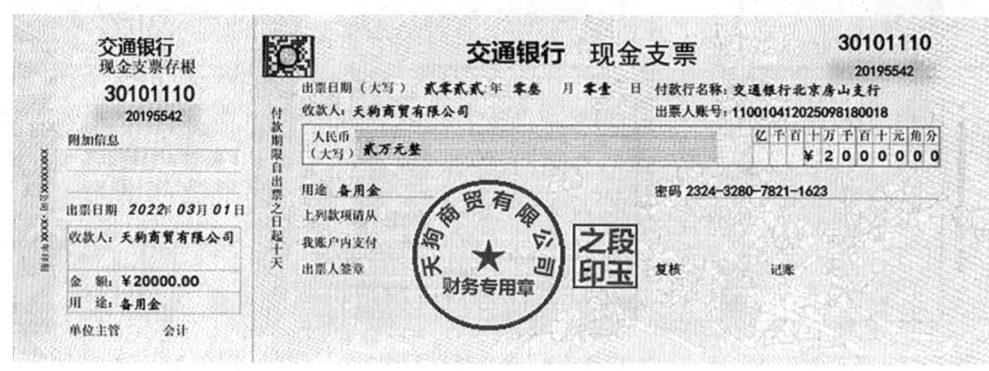
图 2-20 现金支票正面填写密码

6. 银行取现并清点现金

出纳人员完成以上 5 个操作步骤以后,应先将支票存根联撕下留存企业,作为后期做账的依据,再将正联带到银行,进行取现,如图 2-21 和图 2-22 所示。

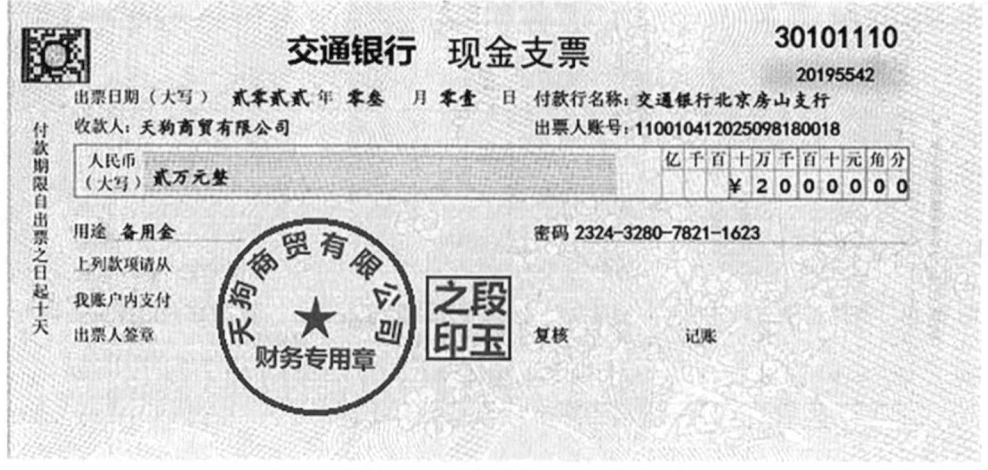
图 2-21 现金支票(正联正面)

图 2-22　现金支票(正联背面)

相关思考 2-1

1. 取款人持现金支票正联到银行取款时,交银行有关人员审核,审核无误后将支票交给银行经办人员,等待取款。

2. 取款人收到现金时,应当面清点现金数量,清点时应逐捆、逐把、逐张进行,清点无误后方可离开柜台。

二、现金送存业务流程

【实验内容】

2022 年 3 月 22 日,出纳人员将公司收到的 20 390.00 元现金销售货款送存银行。请根据背景资料填写现金解款单。

【操作步骤】

1. 整点票币

出纳人员将同面额纸币摆放在一起,并进行清点,清点确认金额为 20 390.00 元。

2. 填写现金解款单

确认金额无误后,出纳人员填写一式两联的现金解款单,如图 2-23 和图 2-24 所示,将现金连同现金解款单一起送交银行柜台收款员。

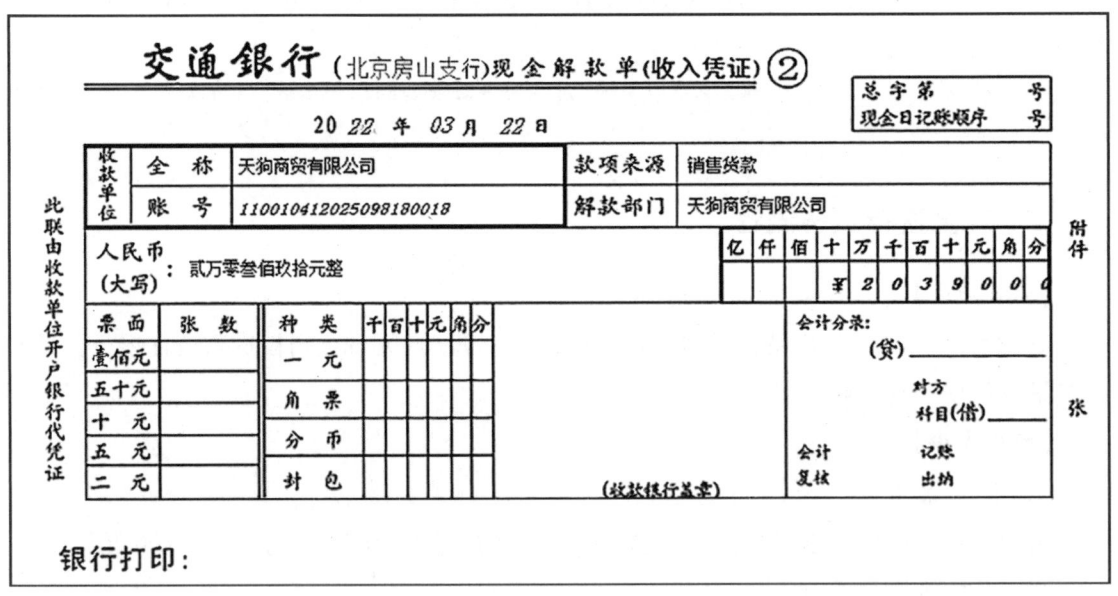

图2-23 现金解款单(回单联)

图2-24 现金解款单(收入凭证联)

相关思考2-2

填写现金解款单时,交款日期必须填写为交款的当日,收款单位名称应填写全称,款项来源要如实填写,大小写金额的书写要标准。

3. 存现取回单据

出纳人员交款时必须同银行柜台收款员当面交接清点。银行柜员清点无误后,在现金解款单第二联回单联加盖业务办讫章,并将第二联回单联,如图 2-25 所示,退还给出纳人员。出纳人员接到回单联后立即进行检查,确认为本单位解款回单,待银行有关手续办妥后离开柜台。

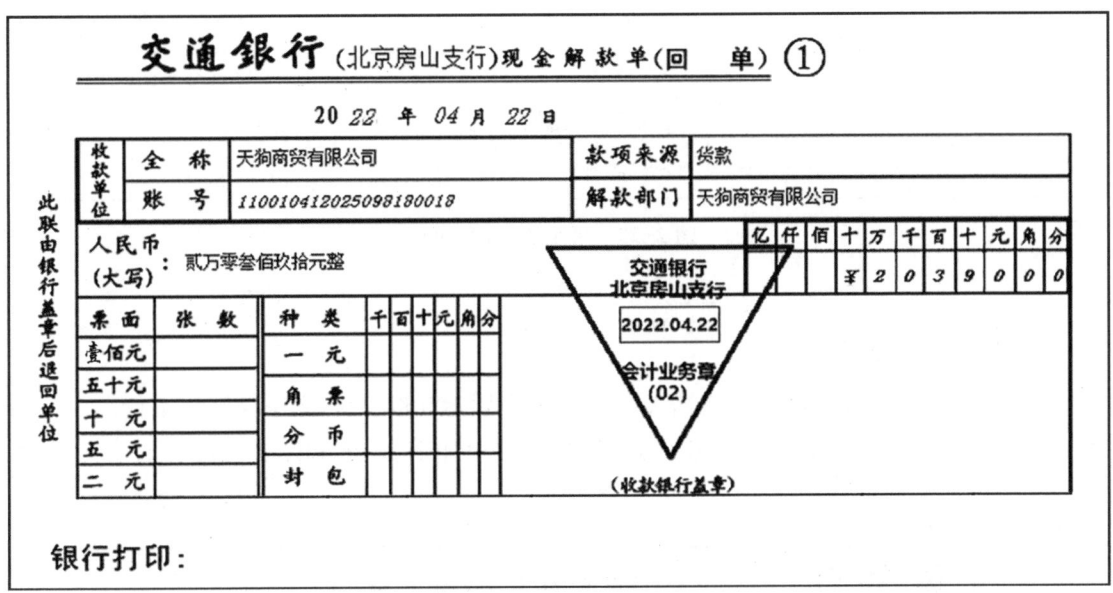

图 2-25 现金解款单(回单联)

实验业务训练

1. 提取现金——年终奖金

2022 年 3 月 18 日,天狗商贸有限公司签发现金支票,提取备用金 130 500.00 元,准备发放年终奖金。(密码器签发人口令:123456)

要求:根据背景资料,填写以下现金支票,所需表单如图 2-26 和图 2-27 所示。

二维码 2-2
微课视频:
填写现金解款单

图 2-26 现金支票(正面)

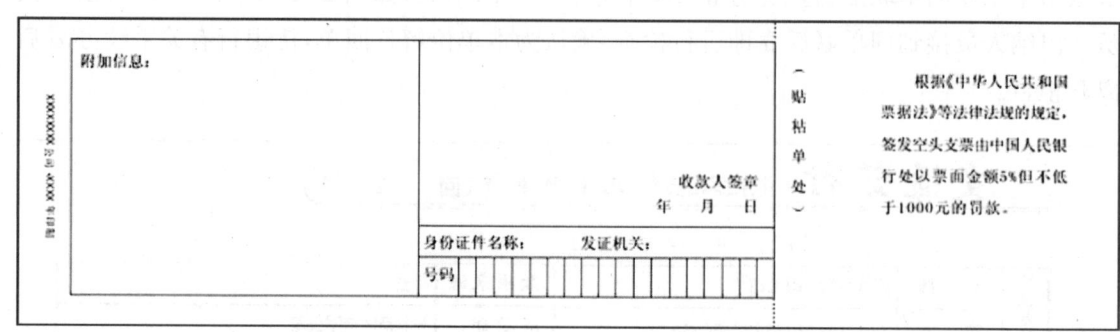

图 2-27 现金支票(背面)

2. 填写现金解款单

2022年4月7日,出纳人员将当天收到现金货款105 645.00元送存开户银行。

要求:请根据背景资料填写现金解款单,所需表单如图2-28和图2-29所示。

二维码2-3
参考答案:
提取现金
(年终奖金)

图 2-28 现金解款单(回单联)

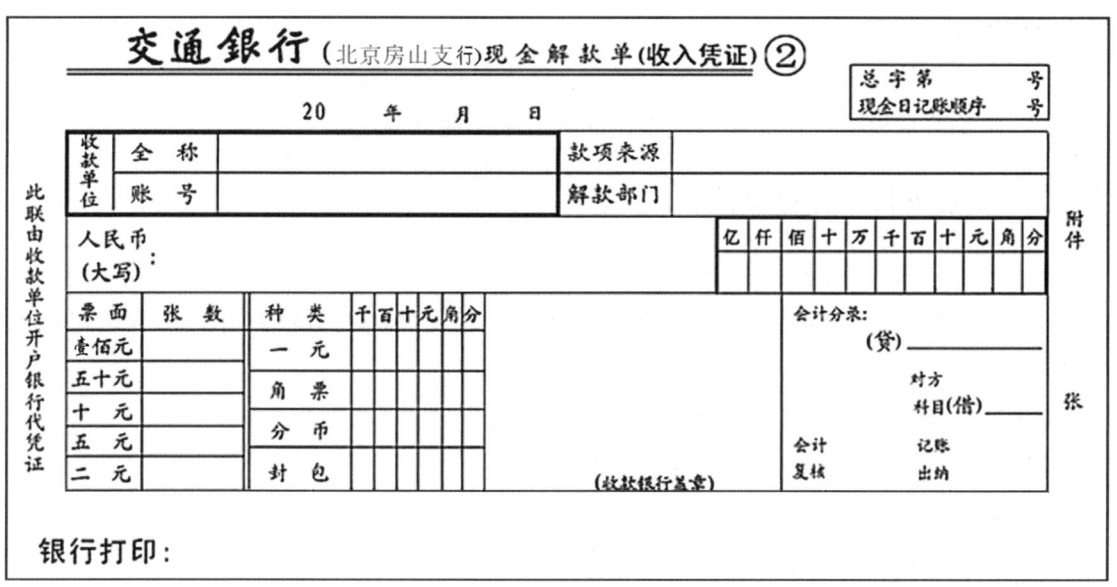

图 2-29 现金解款单(收入凭证联)

第三节 现金收支业务

实验目的

通过本节课的教学,学生能够了解库存现金的基本理论知识,包括现金收入、支出管理的内容;熟悉现金收入支出的基本流程及相关规定;能够准确填制和审核收款收据、借款单及差旅费报销单等常见的原始单据。

理论知识点

一、现金收入业务办理流程

现金收入业务办理主要包括现金收回营业收入和现金收回往来款项。现金收回营业收入包括主营业务收入和其他业务收入两部分。现金收回往来款项主要包括收回本单位职工借款、收回预借差旅费、收回本单位应收款等。

现金收入业务办理的一般流程如下:

(1)收取现金时,要审核现金收入的来源及有关原始凭证。

(2)当面清点现金,双方确认无误,并妥善保管现金。

(3)现金收回后要出具收款收据,并在收据上加盖现金收讫章,或在审核无误的销售发票上加盖现金收讫章。

（4）出纳人员将审核无误的业务单据交会计人员填制记账凭证。

（5）出纳人员根据审核无误的记账凭证登记库存现金日记账。

二、现金支付业务办理流程

现金支付业务办理的一般流程如下：

（1）支付现金时，出纳人员要审核付款原始凭证及报销人员填制并经领导批准的报销单。

（2）取出现金并进行复点后支付。

（3）在审核无误的原始凭证上加盖现金付讫章。

（4）根据付款后的原始凭证编制记账凭证。

（5）根据审核无误的记账凭证登记库存现金日记账。

实验内容及操作步骤

一、现金收入业务办理

1. 核对销售日报表——收零售款

【实验内容】

2022年1月10日，天狗商贸有限公司零售部门交来当天的销售款现金4 292.00元，出纳人员审核销售日报表，若无误请收款签章。

【操作步骤】

（1）出纳人员核对销售日报表金额，如图2-30至图2-34所示。

销售单							
购货单位：个人	地址和电话：					单据编号：501126101	
纳税识别号：	开户行及账号：					制单日期：2022年01月10日	
编码	产品名称	规格	单位	单价	数量	金额	备注
	打印机		台	200.00	4	800.00	含税价
	A4打印纸		箱	20.00	10	200.00	含税价
合计	人民币(大写)：壹仟元整				—	¥1000.00	
	销售经理：翟家富	经手人：王雨娟		会计：萧选山		签收人：	

图2-30　销售单1

销售单

编码	产品名称	规格	单位	单价	数量	金额	备注
	微波炉		台	128.00	2	256.00	含税价
	酸奶机		台	148.00	2	296.00	含税价
	咖啡机		台	860.00	1	860.00	含税价
合计	人民币（大写）：壹仟肆佰壹拾贰元整				—	¥1412.00	

购货单位：个人 地址和电话： 单据编号：501126102
纳税识别号： 开户行及账号： 制单日期：2022年01月10日
销售经理：慕容富 经手人：王雨燕 会计：萧远山 签收人：

会计联

图2-31 销售单2

销售单

编码	产品名称	规格	单位	单价	数量	金额	备注
	保险柜		台	680.00	1	680.00	含税价
	验钞机		台	600.00	2	1200.00	含税价
合计	人民币（大写）：壹仟捌佰捌拾元整				—	¥1880.00	

购货单位：个人 地址和电话： 单据编号：22948929
纳税识别号： 开户行及账号： 制单日期：2022年01月10日
销售经理：慕容富 经手人：王雨燕 会计：萧远山 签收人：

会计联

图2-32 销售单3

商品销售日报表

No：0101
填报日期：2022年01月10日

序号	商品名称及规格	单位	数量	售价	现金	POS机	备注
	打印机	台	4	200.00	800.00		
	A4打印纸	箱	10	20.00	200.00		
	微波炉	台	2	128.00	256.00		
	酸奶机	台	2	148.00	296.00		
	咖啡机	台	1	860.00	860.00		
	保险柜	台	1	680.00	680.00		
	验钞机	台	2	600.00	1200.00		
合计					¥4292.00		

图2-33 销售日报表（销售联）

商品销售日报表

No: 0101

填报日期: 2022 年 01 月 10 日

序号	商品名称及规格	单位	数量	售价	现金	POS机	备注
	打印机	台	4	200.00	800.00		
	A4打印纸	箱	10	20.00	200.00		
	微波炉	台	2	128.00	256.00		
	酸奶机	台	2	148.00	296.00		
	咖啡机	台	1	860.00	860.00		
	保险柜	台	1	680.00	680.00		
	验钞机	台	2	600.00	1200.00		
合计					￥4292.00		

图 2-34 销售日报表(财务联)

（2）审核无误，出纳人员收存现金并在销售日报表销售联盖"现金收讫"章，如图 2-35 所示。

商品销售日报表

No: 0101

填报日期: 2022 年 01 月 10 日

序号	商品名称及规格	单位	数量	售价	现金	POS机	备注
	打印机	台	4	200.00	800.00		
	A4打印纸	箱	10	20.00	200.00		
	微波炉	台	2	128.00	256.00		
	酸奶机	台	2	148.00	296.00		
	咖啡机	台	1	860.00	860.00		
	保险柜	台	1	680.00	680.00		
	验钞机	台	2	600.00	1200.00		
					现金收讫		
合计					￥4292.00		

图 2-35 销售日报表(财务联)

2. 填写收款收据——差旅费余款

【实验内容】

2022 年 3 月 10 日，天狗商贸有限公司采购员王忠交回差旅费余款现金 850.00 元，请出纳人员填写收款收据并签章。

【操作步骤】

（1）出纳穆婉清清点现金无误后,开具一式三联的现金收款收据,并留存第一联存根联,如图2-36所示。

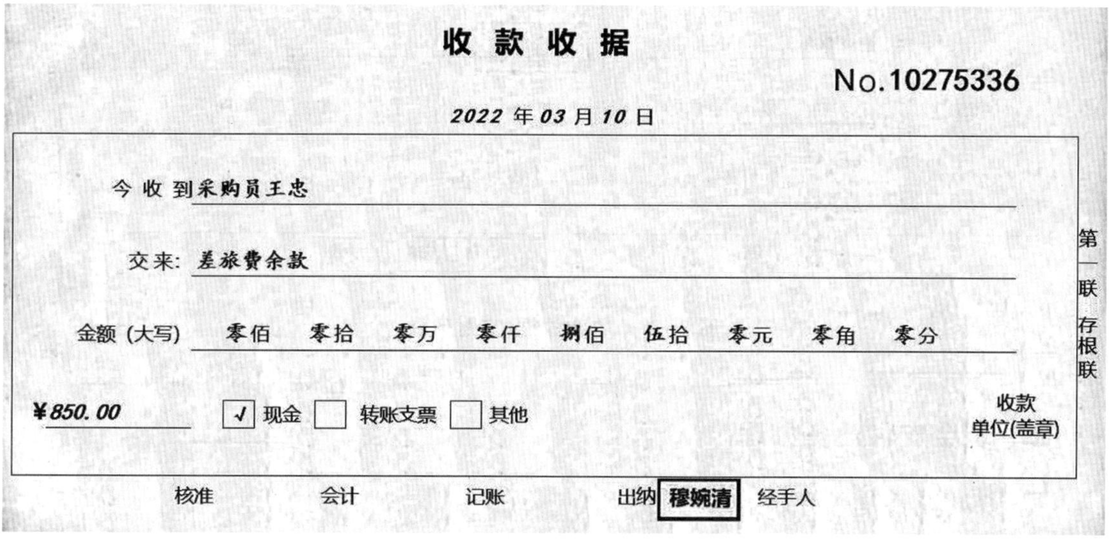

图 2-36　收款收据(存根联)

（2）第二联加盖财务专用章,如图2-37所示,交采购员王忠作为收执。

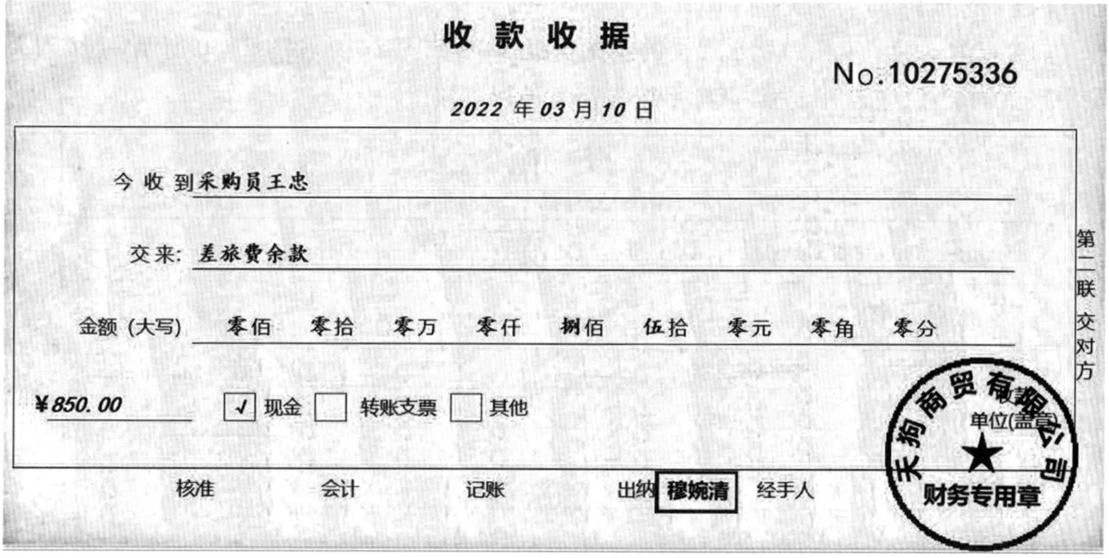

图 2-37　收款收据(交对方联)

（3）第三联加盖现金收讫章,如图2-38所示,交会计人员记账。

```
                    收 款 收 据                  No.10275336
                      2022 年 03 月 10 日

      今 收 到 采购员王忠
      交来： 差旅费余款           现金收讫
      金额(大写) 零佰 零拾 零万 零仟 捌佰 伍拾 零元 零角 零分

      ¥850.00    ☑现金  □转账支票  □其他         收款
                                                单位(盖章)

      核准     会计     记账     出纳 穆婉清  经手人
```

图 2-38 收款收据(交财务联)

二、现金支付业务办理

1. 审核报销单——报销办公费

【实验内容】

采购部吕秋水来报销费用，由出纳穆婉清审核，若审核不通过，请不予操作；若审核通过，请盖章办理报销业务。(此处暂不考虑领款人签字步骤)

【操作步骤】

(1) 出纳穆婉清审核吕秋水递交的差旅费报销单，如图 2-39 和图 2-40 所示，主要对差旅费报销的金额、应退补金额、审批手续等信息进行审核。

```
                    报 销 单
            填报日期: 2022年 05 月 09 日          单据及附件共 1 张

   姓名  吕秋水   所属部门  采购部   报销形式  现金
                                   支票号码
   报 销 项 目         摘   要              金   额        备注:
   办公费         购买A4打印纸                  300.00

                    合    计                  ¥300.00
   金额大写: 零拾 零万零 仟叁 佰零 拾零 元零 角零 分   原借款:      元   应退(补)款:      元
   总经理: 段玉   财务经理: 丁春秋   部门经理: 乔风   会计: 萧远山   出纳        报销人: 吕秋水
```

图 2-39 报销单(需审核)

38

图 2-40 增值税普通发票(发票联)

（2）审核无误后，出纳穆婉清在报销单上加盖个人名章。由于未有原借款，出纳人员只需支付现金 300.00 元，并加盖"现金付讫"章即可，如图 2-41 所示。

二维码 2-5
微课视频：
填写报销单

报 销 单

填报日期：2022年 05 月 09 日　　　　　　单据及附件共 1 张

姓名	吕秋水	所属部门	采购部	报销形式	现金		
				支票号码			
报销项目		摘　要		金　额		备注	
办公费		购买A4打印纸		300.00			
		现金付讫					
合　计				￥300.00			
金额大写	零 拾 零 万 零 仟叁 佰零 拾零 元零 角零 分			原借款： 　　元		应退(补)款： 　　元	
总经理：段玉　　财务经理：丁春秋　　部门经理：乔风　　会计：萧远山　　出纳：穆婉清　　报销人：吕秋水							

图 2-41 报销单(加盖印章)

相关思考2-3

报销单金额的有关规定

(1) 报销单的合计金额等于报销单所附发票的合计金额,予以报销。

(2) 报销单的合计金额小于报销单所附发票的合计金额报销时,以报销单上的金额为准并予以报销。

(3) 报销单的合计金额大于报销单所附发票的合计金额时,若补齐发票则予以报销;若不补齐发票则不予报销。

2. 审核借款单——预借差旅费

【实验内容】

2022年9月15日,天狗商贸有限公司行政部李青露预借了一笔出差费用,交来借款单,出纳人员审核并支付款项。

【操作步骤】

(1) 出纳穆婉清审核李青露提交的借款单,如图2-42所示。出纳人员主要审核借款单手续是否完备,核对借款事由是否符合现金支出范围。

借款单									
2022年09月15日 第2号									
借款部门	行政部		姓名	李青露		事由	出差培训		
借款金额(大写)		零万	贰仟	零佰	零拾	零元	零角	零分	￥2000.00
部门负责人签章	许竹		借款人签章	李青露		注意事项	一、凡借用公款必须使用本单 二、出差返回后三天内结算		
单位领导批示	段玉		财务经理审核意见	乔凤					

图2-42 借款单(需审核)

(2) 出纳穆婉清审核无误,取出现金复点后支付,并在借款单上加盖"现金付讫"章,如图2-43所示。

借 款 单

2022 年 09 月 15 日　　　　第 2 号

借款部门	行政部	姓名	李青露	事由	出差培训		
借款金额（大写）		零万 贰仟 零佰 零拾 零元 零角 零分				¥ 2000.00	
部门负责人签署	许竹	借款人签章	李青露	现金付讫	注意事项	一、凡借用公款必须使用本单 二、出差返回后三天内结算	
单位领导批示	段玉	财务经理审核意见	乔风				

图 2-43　借款单（加盖印章）

实验业务训练

1. 填写收款收据——收回备用金

2022 年 3 月 30 日，天狗商贸有限公司采购部交回部门备用金 5 000.00 元（现金）。（出纳：穆婉清）

要求：根据背景资料，请出纳人员填写收款收据并签章，所需表单如图 2-44 至图 2-46 所示。

收 款 收 据

No.10275337

　　年　　月　　日

今收到：_____

交来：_____

金额（大写）　佰　拾　万　仟　佰　拾　元　角　分

¥_____　□现金　□转账支票　□其他

核准　　会计　　记账　　出纳　　经手人

收款单位（盖章）

第一联 存根联

图 2-44　收款收据（存根联）

图 2-45　收款收据(交对方联)

二维码 2-6
参考答案：
填写收款收据——收回备用金

图 2-46　收款收据(交财务联)

2. 填写报销单

2022 年 6 月 19 日，天狗商贸有限公司出纳穆婉清需要报销费用。

要求：请根据背景材料填写报销单，所需表单如图 2-47 和图 2-48 所示。（报销形式：现金）

图 2-47　增值税普通发票(发票联)

报 销 单

填报日期：　　年　　月　　日　　　　单据及附件共　　张

姓名		所属部门		报销形式			
				支票号码			
报销项目		摘　要			金　额		备注
合　　计							
金额大写：	拾	万	仟	佰	拾　元　角　分	原借款：　　元	应退(补)款：　　元
总经理：		财务经理：		部门经理：	会计：	出纳：	报销人：

图 2-48　报销单

二维码 2-7
参考答案：
填写报销单

第三章 银行业务处理

 知识框架

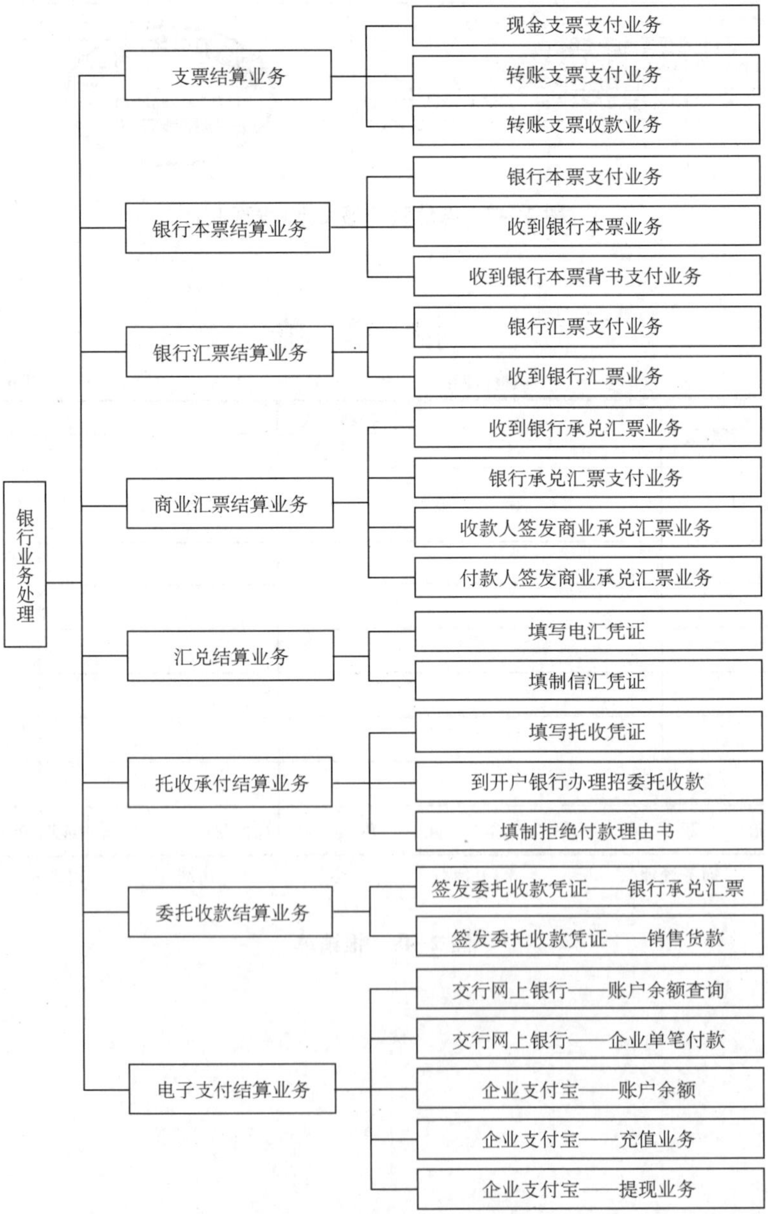

```
                              ┌── 现金支票支付业务
                ┌─ 支票结算业务 ─┼── 转账支票支付业务
                │              └── 转账支票收款业务
                │
                │                  ┌── 银行本票支付业务
                ├─ 银行本票结算业务 ─┼── 收到银行本票业务
                │                  └── 收到银行本票背书支付业务
                │
                ├─ 银行汇票结算业务 ─┬── 银行汇票支付业务
                │                  └── 收到银行汇票业务
                │
                │                  ┌── 收到银行承兑汇票业务
 银行            │                  ├── 银行承兑汇票支付业务
 业务 ──────────┼─ 商业汇票结算业务 ─┤
 处理            │                  ├── 收款人签发商业承兑汇票业务
                │                  └── 付款人签发商业承兑汇票业务
                │
                ├─ 汇兑结算业务 ───┬── 填写电汇凭证
                │                └── 填制信汇凭证
                │
                │                  ┌── 填写托收凭证
                ├─ 托收承付结算业务 ─┼── 到开户银行办理招委托收款
                │                  └── 填制拒绝付款理由书
                │
                ├─ 委托收款结算业务 ─┬── 签发委托收款凭证──银行承兑汇票
                │                  └── 签发委托收款凭证──销售货款
                │
                │                  ┌── 交行网上银行──账户余额查询
                │                  ├── 交行网上银行──企业单笔付款
                └─ 电子支付结算业务 ─┼── 企业支付宝──账户余额
                                   ├── 企业支付宝──充值业务
                                   └── 企业支付宝──提现业务
```

第一节 支票结算业务

实验目的

通过本节课的教学,学生能够了解支票的基本理论知识;熟悉支票结算的基本流程及相关规定;准确签发现金支票和转账支票。

理论知识点

银行结算是指各单位通过银行账户办理货币资金往来收支业务的行为。各单位的各项经济业务往来,除了按照国家现金管理规定可以使用现金结算的,都必须通过银行办理转账结算。银行结算账户按存款人的不同,分为单位银行结算账户和个人银行结算账户。存款人以单位名称开立的银行结算账户为单位银行结算账户。单位银行结算账户按用途不同,分为基本存款账户、一般存款账户、专用存款账户、临时存款账户。

出纳人员办理银行结算业务时,首先应了解《支付结算办法》和其他有关法规的规定,遵循银行结算的原则;其次应根据业务需要选择适当的结算方式;最后按照银行的相关要求办理结算手续,支付结算费用,保证结算业务的顺利完成。银行结算分为票据结算方式和非票据结算方式。票据结算方式包括支票、商业汇票、银行汇票、银行本票等;非票据结算方式包括汇兑、委托收款、托收承付、电子支付等。

支票是出票人签发的,委托办理支票存款业务的银行在见票时无条件支付确定的金额给收款人或者持票人的票据。支票分为现金支票、转账支票和普通支票三种。支票上印有"现金"字样的为现金支票,如图3-1和图3-2所示,现金支票只能用于支取现金。支票上印有"转账"字样的为转账支票,如图3-3和图3-4所示,转账支票只能用于转账。支票上未印有"现金"或"转账"字样的为普通支票,普通支票可以用于支取现金,也可用于转账。在普通支票左上角划两条平行线的,为划线支票,划线支票只能用于转账,不能支取现金。

二维码3-1
微课视频:
支付结算概述

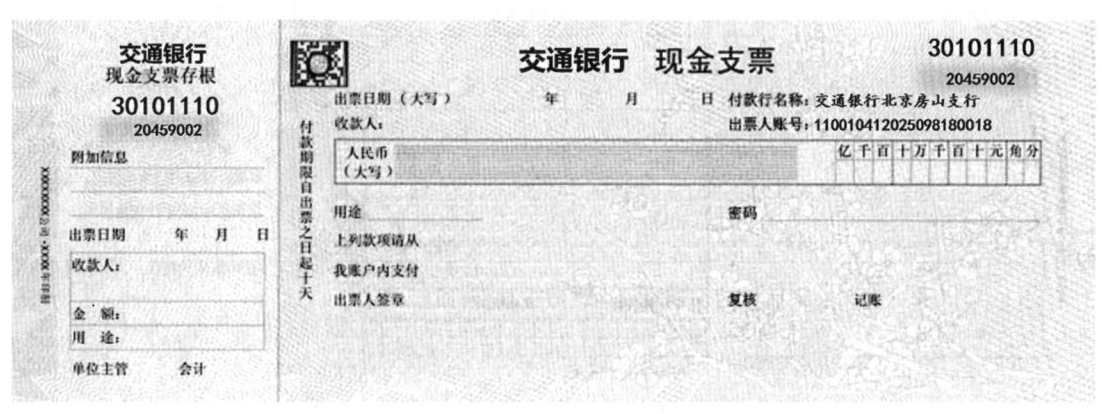

图3-1 现金支票(正面)

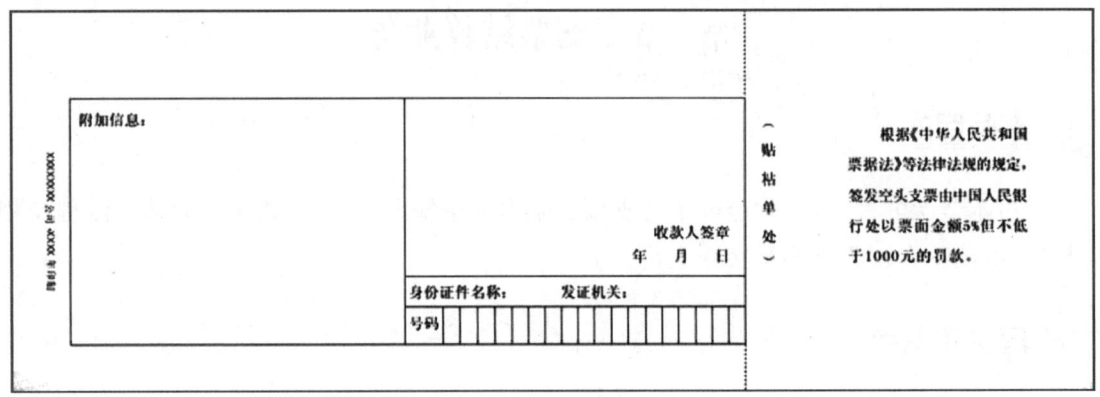

图 3-2　现金支票（背面）

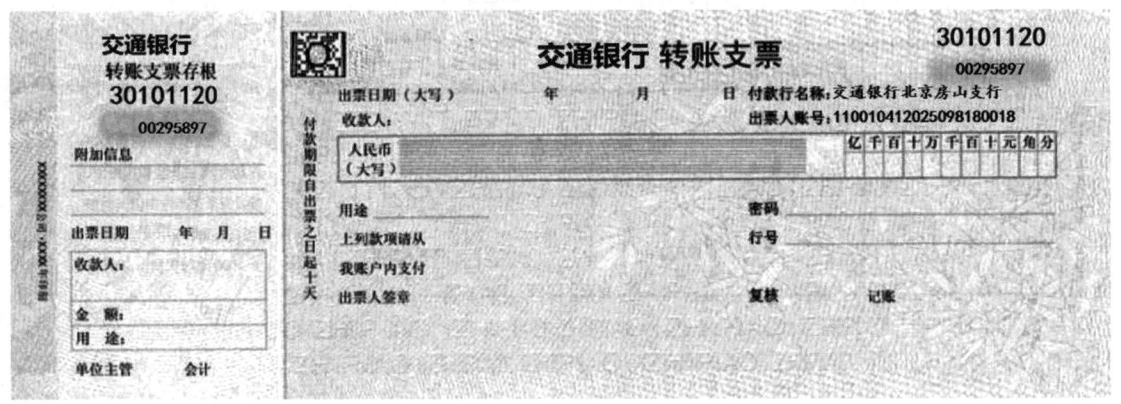

图 3-3　转账支票（正面）

图 3-4　转账支票（背面）

实验内容及操作步骤

一、现金支票支付业务

【实验内容】

2022年3月30日,天狗商贸有限公司发生顾问费用3 000.00元,财务部签发现金支票给顾问高扬。(备注:不考虑支付密码)

【操作步骤】

1. 填写现金支票正面

现金支票正面填写的内容分为正联和存根联两部分。正联填写的内容包括出票日期、付款行名称和出票人账号、收款人全称、大小写金额、款项的用途、出票人签章;存根联填写的内容包括出票日期、收款人、金额、用途等,并与正联一致,如图3-5所示。

二维码3-2
微课视频:
现金支票支付顾问费

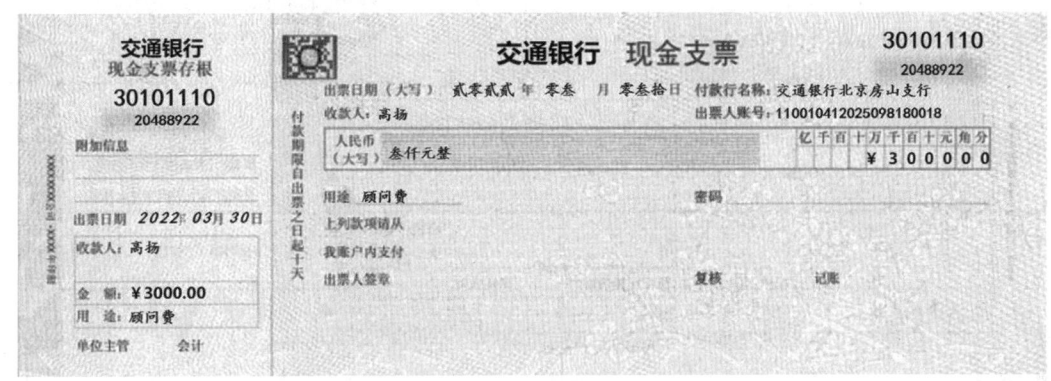

图3-5 现金支票的填写

2. 审批盖章

现金支票填写好后,须在支票的正面加盖银行预留印鉴。盖章必须使用跟银行预留印鉴颜色一样的印泥,印章必须清晰且不能出现重叠,如图3-6所示。

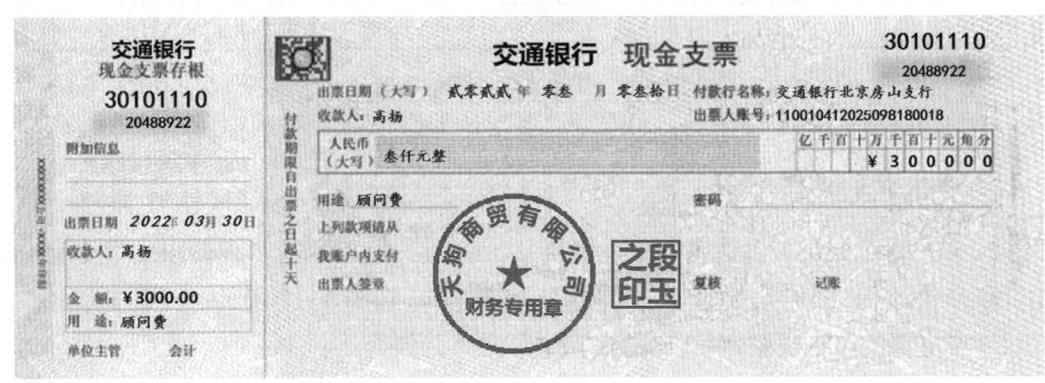

图3-6 现金支票正面印章

相关思考 3-1

签发现金支票给个人时，支票背面的信息由收款人收到支票时填写。

3. 个人收到现金支票的处理

2022 年 3 月 30 日，顾问高扬收到财务部签发的现金支票，带个人证件，如图 3-7 所示，到银行取现。填写现金支票背面信息，如图 3-8 所示。

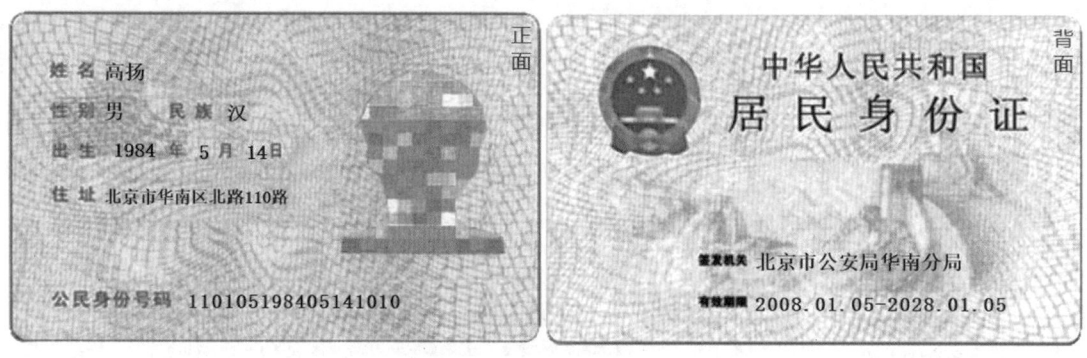

图 3-7 居民身份证资料

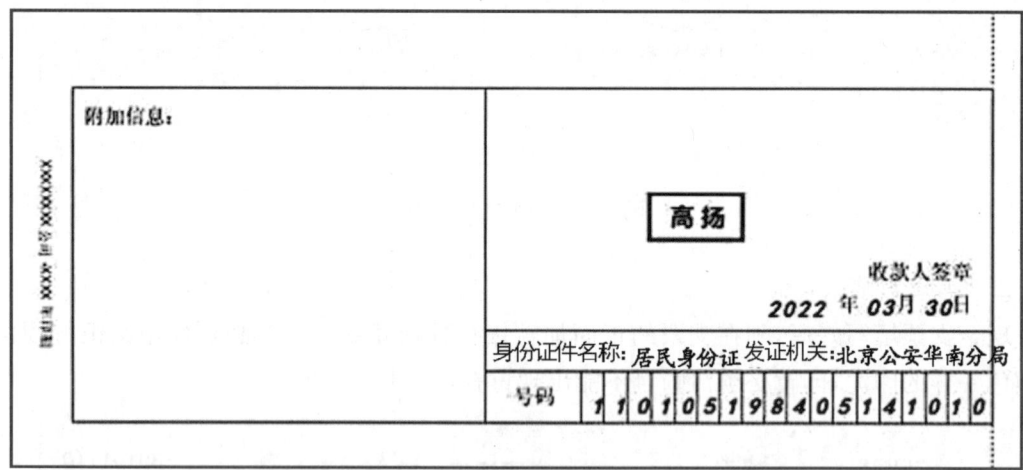

图 3-8 现金支票背面的填写

二、转账支票支付业务

2022 年 3 月 29 日，天狗商贸有限公司从宏叶制造厂购买涂料，签发转账支票支付货款，根据背景资料，如图 3-9 所示，开具转账支票，如图 3-10 和图 3-11 所示。转账支票的办理，可比照现金支票的填写规则，将正面的信息填写完整并签章。

二维码 3-3
技巧提示：
支票填写要求

付款申请书

2022年03月29日

用途及情况	金额										收款单位(人)：宏叶制造厂
	亿	千	百	十	万	千	百	十	元	角	分	
支付货款				¥	7	8	0	0	0	0	0	账 号：11083759200058375937 9 开户行：交通银行北京房山支行
金额（大写）合计：	人民币柒万捌仟元整											结算方式：转账
总经理	段玉	财务部门		经理		乔凤		业务部门		经理		丁春秋
				会计		萧远山				经办人		吕秋水

图 3-9 付款申请书

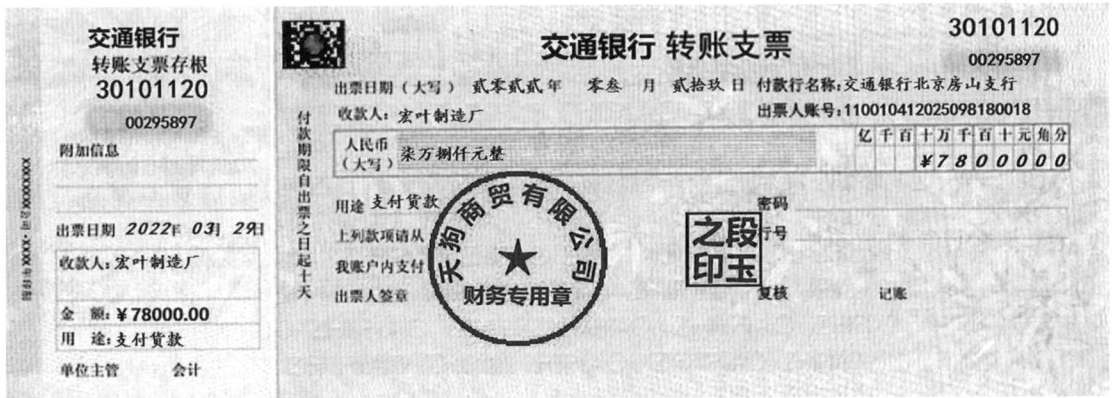

图 3-10 转账支票(正面)

图 3-11 转账支票(背面)

相关思考 3-2

到银行办理转账或将支票正联交给收款人事项

1. 出纳人员可携带开具好的转账支票到银行办理转账,也可直接将转账支票的正联交给收款人,由收款人自己到银行办理。

2. 出纳人员到银行办理付款,只凭一张转账支票的信息是不全的,银行没法办理转账业务,这时需要一张进账单作为辅助单据。进账单能够将出票人和收款人的全称、账号、开户银行的信息及两者间的结算金额关系等方面都予以记载,能够给银行办理转账提供全面的信息。

三、转账支票收款业务

1. 收到转账支票的办理流程

【实验内容】

2022 年 3 月 23 日,天狗商贸有限公司收到北京智美百货有限公司签发的转账支票,准备去公司开户银行办理进账。

【操作步骤】

(1) 审核支票内容。出纳人员收到转账支票,首先应检查各填写项目是否规范,包括收款人名称是否为本单位全称、日期书写是否正确、金额大小写是否一致、签章是否清晰、日期是否在 10 天的有效期内等,如图 3-12 所示,确认无误后就可以去银行办理转账业务。

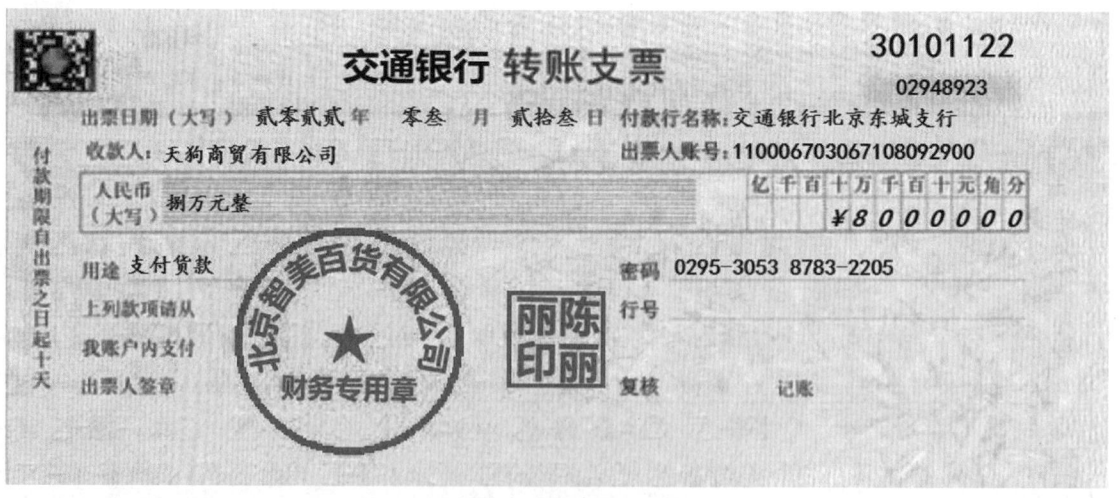

图 3-12 转账支票(正面)

(2) 加盖银行预留印鉴。出纳人员持有审核无误的转账支票正联,到开户银行办理进账时,需在转账支票背面附加信息处填写"委托收款"字样,并在背书人签章处加盖银行预留印鉴,如图 3-13 所示,盖印章时,必须使用跟银行预留印鉴颜色一样的印泥,印章必须清晰。

图 3-13 转账支票(背面)

(3) 填写进账单办理进账。2022 年 3 月 23 日,出纳人员持有盖章的转账支票去银行办理进账,并根据转账支票填写进账单。进账单一般分为一式三联,办理进账时将转账支票和进账单一并交给开户银行办理进账业务。

银行审核无误后,在进账单的第一联,如图 3-14 所示,加盖银行业务受理章,并退还给出纳人员。此回单联不作进账、账务处理的依据,仅供查询使用。(备注:此处开户银行签章略)

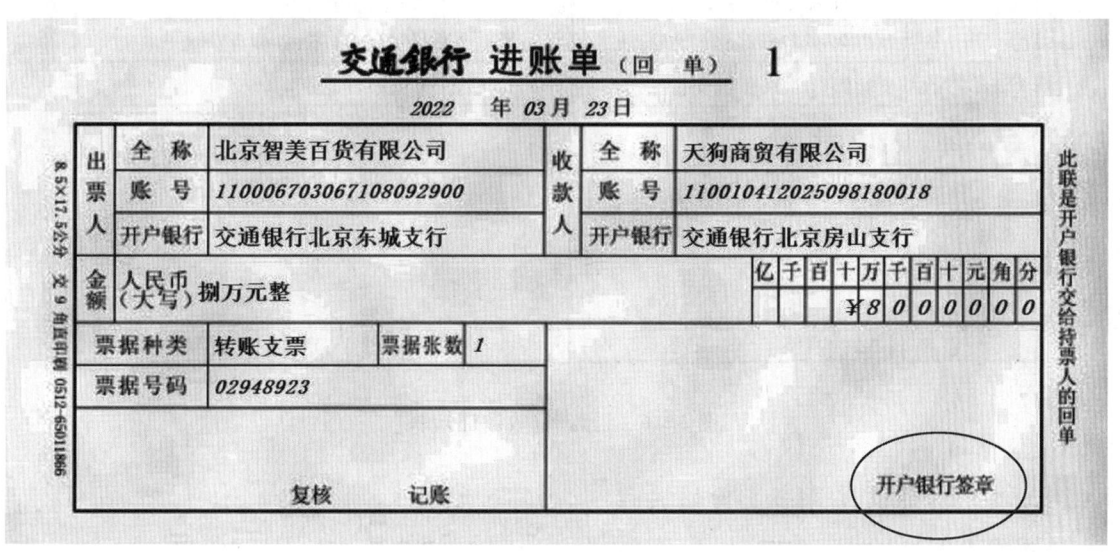

图 3-14 进账单(回单联)

第二联为贷方凭证联,如图 3-15 所示,由收款人的开户银行留存。

第三联为收账通知联,如图 3-16 所示。等款项到账后,开户银行在进账单第三联加盖银行办讫章,出纳人员到银行取回进账单第三联,作为入账凭证。(备注:此处开户银行签章略)

图 3-15 进账单(贷方凭证联)

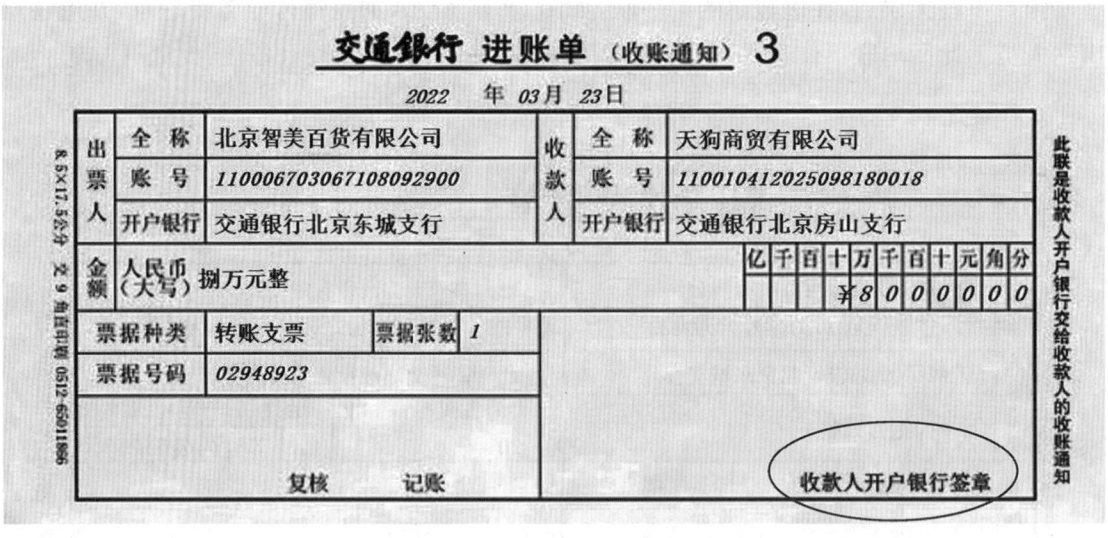

图 3-16 进账单(收款通知联)

2. 收到转账支票背书支付的流程

【实验内容】

2022年3月6日,天狗商贸有限公司将收到的北京三森电子有限公司签发的转账支票,背书转让给北京腾科有限公司。

【操作步骤】

转账支票背书时,由出纳人员在支票背面"被背书人"处填写收款人的名称,然后在"背书人签章"的方框内盖上银行预留印鉴,并标明背书的时间,如图3-17和图3-18所示。

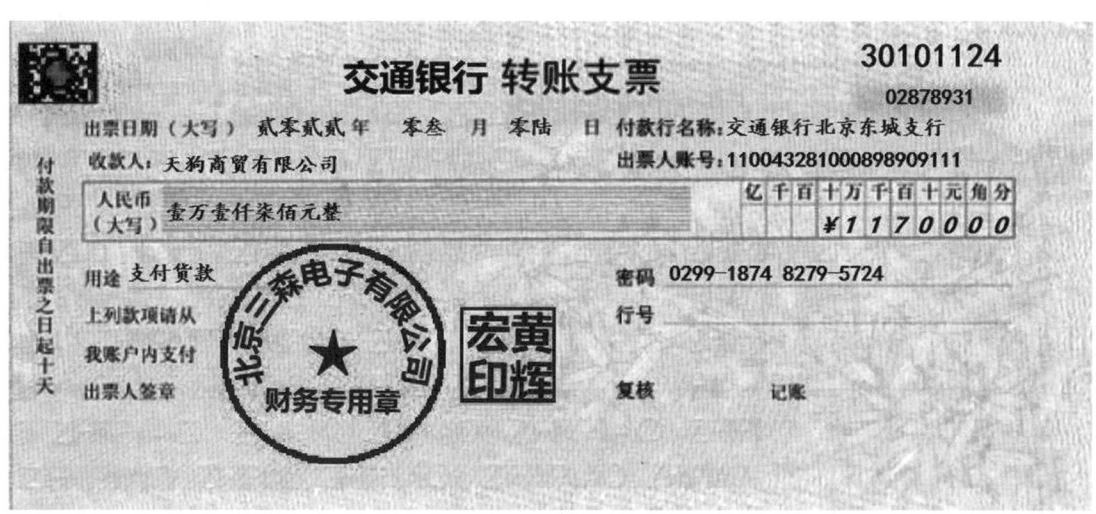

图 3-17 转账支票(正面)

图 3-18 转账支票背面的填写

背书的有关规定

1. 背书是在票据背面或者粘单上记载有关事项并签章的行为。
2. 背书由背书人签章并记载背书日期。背书未记载日期的,视为在票据到期日前背书。
3. 背书必须记载被背书人名称,背书人未记载被背书人名称即将票据交付他人的,持票人在票据被背书栏内记载自己的名称与背书人记载具有同等法律效力。

实验业务训练

【实验内容】

2022 年 3 月 11 日,天狗商贸有限公司市场部李丽萍预借差旅费 4 000.00 元,财务部用

签发给个人的现金支票支付。(不考虑填写支付密码)

要求:根据背景资料,填写以下现金支票。所需表单如图3-19和图3-20所示。

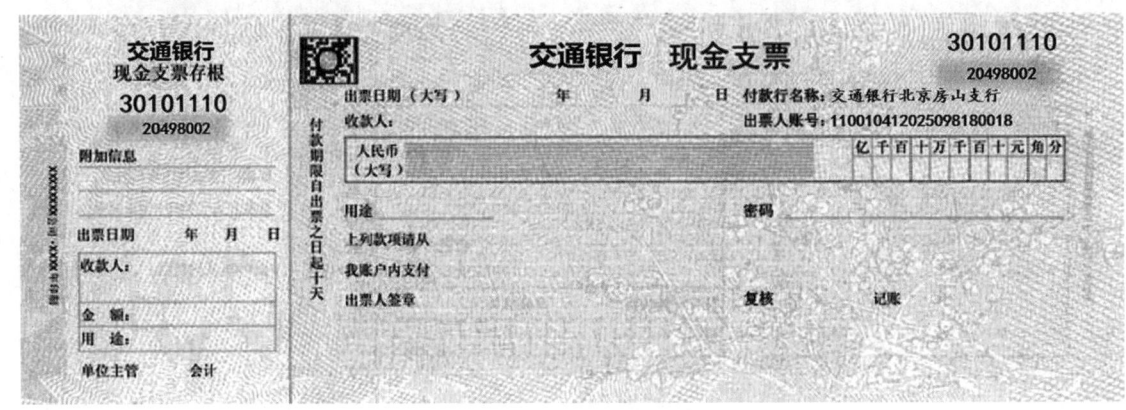

图 3-19 现金支票(正面)

二维码 3-4
参考答案:
开具现金支票用于个人预借差旅费

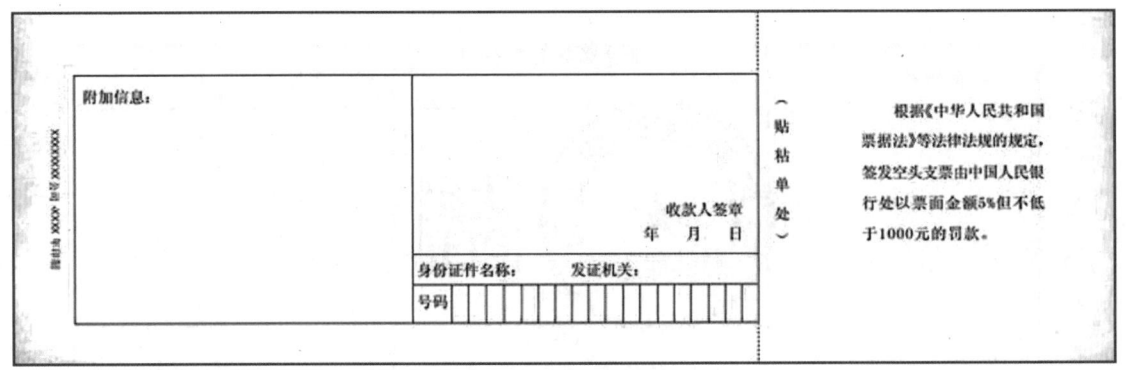

图 3-20 现金支票(背面)

延伸阅读3-1

银行结算账户的使用

我国银行存款包括人民币存款和外币存款两种。银行存款账户分为基本存款账户、一般存款账户、临时存款账户和专用账户。基本存款账户是企业办理日常转账结算和现金收付的账户,工资、奖金等现金的支取只能通过本账户办理,一个企业只能选择一家银行的一个营业机构开立一个基本存款账户,不得同时开立多个基本存款账户。一般存款账户是存款人因借款或其他结算需要,在基本存款账户开户银行以外的银行营业机构开立的银行结算账户,其使用范围包括办理存款人借款转存、借款归还和其他结算的资金收付,该账户可以办理现金缴存,但不得办理现金支取。临时存款账户是企业因临时经营活动需要而开立的账户,本账户可以办理转账和根据国家现金管理的规定办理现金收付。实际工作中需要开立临时存款账户的情况有:设立临时机构,如工程指挥部、筹备领导小组、摄制组;异地临时经营活动,如建筑施工及安装单位等在异地的临时经营活动,军队、武警单位承担基本建设或者异地执行作战、演习、抢险救灾、应对突发事件等临时任务。专用存款账户是存款人按照法律、行政法规和规章,对其特定资金用途进行专项管理和使用而开立的银行结算账户。专用存款账户主要是针对政府拨给的资金、金融类的专项使用、应交给政府的资金(社保、医保、住房公积金、党费等)、单位银行卡备用金四大块,具体包括基本建设资金,更新改造资金,财政预算外资金,粮、棉、油收购资金,证券交易结算资金,期货交易保证金,信托基金,金融机构存放同业资金,政策性房地产开发资金,单位银行卡备用金,住房基金,社会保障基金,收入汇缴资金和业务支出资金,党、团、工会设在单位的组织机构经费,其他需要专项管理和使用的资金。

第二节 银行本票结算业务

实验目的

通过本节课的教学,学生能够了解银行本票的含义及适用范围;熟悉银行本票结算付款业务和收款业务办理流程及相关规定;能够正确填写银行本票申请书和进账单等原始单据。

理论知识点

一、银行本票的含义、种类及适用范围

1. 银行本票的含义

银行本票是申请人将款项交存银行,由银行签发的承诺自己在见票时无条件支付确定的金额给收款人或者持票人的票据。

2. 银行本票的种类

根据《支付结算办法》的规定,我国银行本票一般分为定额本票和不定额本票。定额本票的面额一般为 1 000 元、5 000 元、10 000 元和 50 000 元。定额本票规定格式为单联次,由中国人民银行统一规定票面规格、颜色和格式,并统一印制。

3. 银行本票的适用范围

银行本票适用于同城或同一票据交换区内的结算业务。银行本票主要用于转账,注明"现金"字样的银行本票也可以支取现金。

二、银行本票结算的基本规定

1. 申领银行本票的规定

企业申请银行本票时,应到银行填写银行本票申请书。申请人或收款人为单位的,不能申请使用现金银行本票。

2. 银行本票必须记载事项的规定

(1) 表明"银行本票"的字样。

(2) 无条件支付的承诺。

（3）确定的金额。

（4）收款人名称。

（5）出票日期。

（6）出票人签章。

银行本票上未记载规定事项之一的,本票无效。

3．银行本票付款期限的规定

银行本票的提示付款期限自出票日起最长不得超过 2 个月,不分大月、小月,统一按次月对日计算,到期日遇到节假日顺延。逾期的银行本票,兑付银行不予受理。持票人超过提示付款期限不获付款的,在票据权利时效内向出票银行作出说明,并提供本人身份证件或单位证明,可持银行本票向出票银行请求付款。

4．银行本票背书转让的规定

银行本票一律记名,允许背书转让,但填明"现金"字样的银行本票不得背书转让。

实验内容及操作步骤

一、银行本票支付业务

【实验内容】

2022 年 3 月 5 日,天狗商贸有限公司申请银行本票用于支付货款,请填写银行本票申请书并找相关人员审核盖章,并生成密码填入。（备注:签发人口令为 123456;支付密码器选用"其他"）

【操作步骤】

1．填制银行本票申请书

出纳人员先根据采购付款申请书（图 3-21）、购销合同（图 3-22）,填写一式三联的银行本票业务申请书,如图 3-23 至图 3-25 所示,并在第一联加盖预留银行印鉴,支付密码器操作流程如图 3-26 所示。

付款申请书													
2022 年 03 月 05 日													
用途及情况		金　额									收款单位(人): 北京万佳投资有限公司		
支付货款		亿	千	百	十	万	千	百	十	元	角	分	账　号: 14020001040004 1073423
		￥		1	3	1	0	4	0	0	0		开户行: 交通银行北京朝阳支行
金额（大写）合计:		人民币壹拾叁万壹仟零肆拾元整											结算方式: 申请银行本票
总经理	段玉	财务部门		经　理		乔峰		业务部门		经　理		丁春秋
				会　计		萧远山				经办人		吕秋水

图 3-21　付款申请书

购销合同

购方：天狗商贸有限公司　　　　　　　　合同编号：20220301
销方：北京万佳投资有限公司　　　　　　签订时间：2022年03月01日

供需双方本着互利互惠、长期合作的原则，根据《中华人民共和国民法典》合同编及双方的实际情况，就需方向供方采购事宜，订立本合同，以使双方在合同履行中共同遵守。

一、产品名称、数量、单价、金额：

产品名称	规格型号	计量单位	数量	单价	金额	备注
戴尔笔记本电脑	14寸	台	35台	3744.00	131040.00	含税价
合计					¥131040.00	

合计人民币（大写）：壹拾叁万壹仟零肆拾元整

二、质量要求技术标准：供方对质量负责的条件和期限：按合同企业标准。

三、交（提）货地点、方式：**供货方送货到需货方的仓库。**

四、付款时间与付款方式：
2022年03月05日支付货款，采用银行本票的结算方式支付。

五、运输方式及到站、港和费用负担：**供货方**

六、合理损耗及计算方法：以实际数量验收。

七、包装标准、包装物的供应与回收：普通包装，不回收包装物。

八、验收标准、方法及提出异议期限：货到需方七天内提出质量异议，不包括运输过程中造成的质量问题。

九、违约责任：按《民法典》合同编。

十、解决合同纠纷的方式：双方协商解决。

十一、其他约定事项：本合同一式两份，需、供双方各一份，经双方盖章后即生效。

购方（盖章）：天狗商贸有限公司	销方（盖章）：北京万佳投资有限公司
单位地址：北京市房山区城西路45号	单位地址：北京朝阳区京徽路9号
电　话：010-22363423	电　话：010-85108256
签订日期：2022年03月01日	签订日期：2022年03月01日
开户银行：交通银行北京房山支行	开户银行：交通银行北京朝阳支行
账　号：110010412025098160018	账　号：140200010400041073423

图 3-22　购销合同

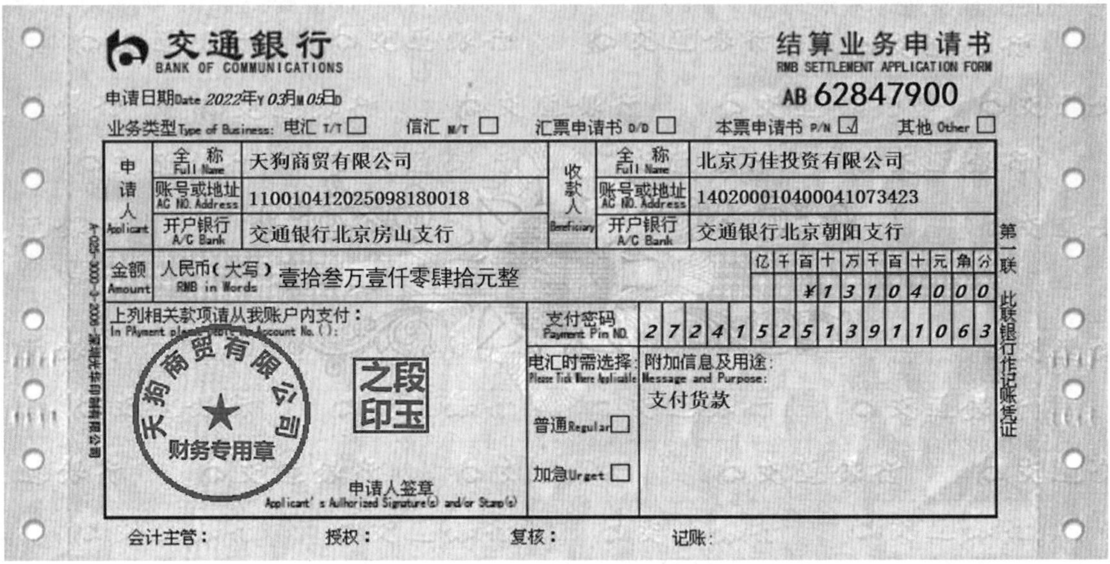

交通银行 BANK OF COMMUNICATIONS

结算业务申请书 RMB SETTLEMENT APPLICATION FORM

AB 62847900

申请日期Date 2022年Y 03月M 05日D

业务类型Type of Business: 电汇 T/T ☐ 信汇 M/T ☐ 汇票申请书 D/D ☐ 本票申请书 P/N ☑ 其他 Other ☐

申请人 Applicant	全称 Full Name	天狗商贸有限公司	收款人 Beneficiary	全称 Full Name	北京万佳投资有限公司
	账号或地址 AC NO. Address	110010412025098180018		账号或地址 AC NO. Address	140200010400041073423
	开户银行 A/C Bank	交通银行北京房山支行		开户银行 A/C Bank	交通银行北京朝阳支行

金额 Amount 人民币（大写）RMB in Words 壹拾叁万壹仟零肆拾元整　¥13104000

上列相关款项请从我账户内支付：In Payment please debit my Account No.( ):

支付密码 Payment Pin NO. 2724152513911063

电汇时需选择 Please Tick Where Applicable: 普通Regular ☐ 加急Urgent ☐

附加信息及用途 Message and Purpose: 支付货款

天狗商贸有限公司 财务专用章　之段印玉

申请人签章 Applicant's Authorized Signature(s) and/or Stamp(s)

会计主管：　授权：　复核：　记账：

第一联 此联银行作记账凭证

图 3-23　银行本票申请书(第一联)

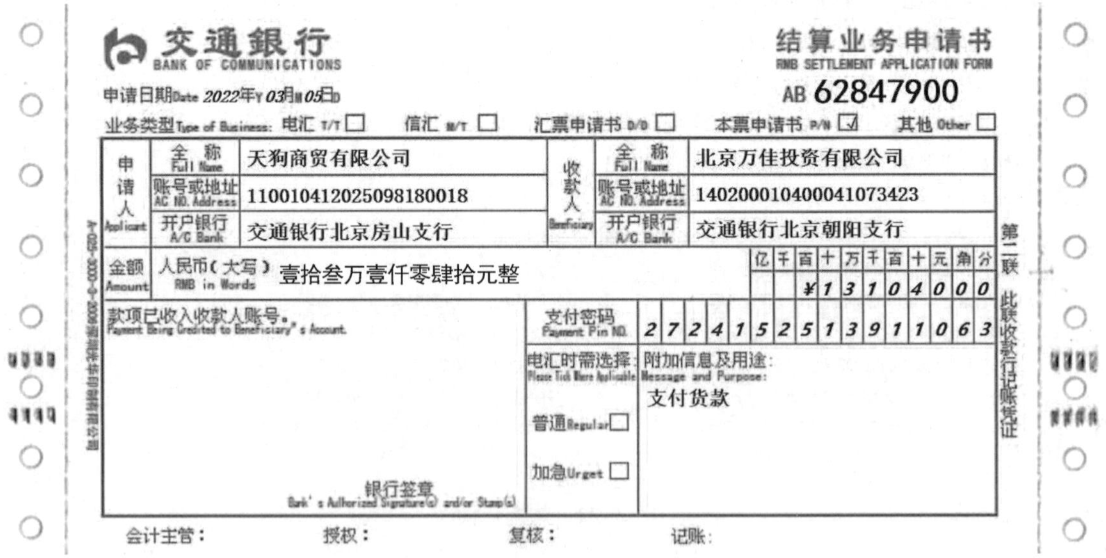

交通银行 BANK OF COMMUNICATIONS

结算业务申请书 RMB SETTLEMENT APPLICATION FORM

AB 62847900

申请日期Date 2022年Y 03月M 05日D

业务类型Type of Business: 电汇 T/T ☐ 信汇 M/T ☐ 汇票申请书 D/D ☐ 本票申请书 P/N ☑ 其他 Other ☐

申请人 Applicant	全称 Full Name	天狗商贸有限公司	收款人 Beneficiary	全称 Full Name	北京万佳投资有限公司
	账号或地址 AC NO. Address	110010412025098180018		账号或地址 AC NO. Address	140200010400041073423
	开户银行 A/C Bank	交通银行北京房山支行		开户银行 A/C Bank	交通银行北京朝阳支行

金额 Amount 人民币（大写）RMB in Words 壹拾叁万壹仟零肆拾元整　¥13104000

款项已收入收款人账号。Payment Being Credited to Beneficiary's Account.

支付密码 Payment Pin NO. 2724152513911063

电汇时需选择 Please Tick Where Applicable: 普通Regular ☐ 加急Urgent ☐

附加信息及用途 Message and Purpose: 支付货款

银行签章 Bank's Authorized Signature(s) and/or Stamp(s)

会计主管：　授权：　复核：　记账：

第二联 此联收款行记账凭证

图 3-24　银行本票申请书(第二联)

图 3-25 银行本票申请书(第三联)

图 3-26 支付密码器操作流程(简图)

2. 开户银行签发银行本票

2022年3月5日,出纳人员将银行本票申请书交给银行后,银行签发银行本票给企业,并在银行本票上盖银行预留印鉴,如图3-27和图3-28所示。(备注:本题只需在银行本票第1联盖"财务专用章"和"法人章",第2联不需要盖章)

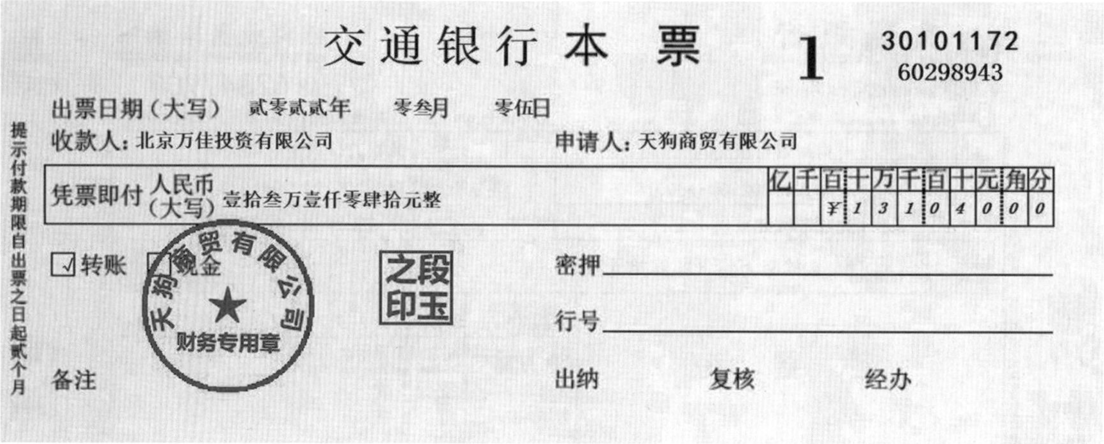

交通银行本票　1　30101172　60298943

提示付款期限自出票之日起贰个月

出票日期（大写）　贰零贰贰年　零叁月　零伍日

收款人：北京万佳投资有限公司　　申请人：天狗商贸有限公司

凭票即付	人民币（大写）	壹拾叁万壹仟零肆拾元整	亿	千	百	十	万	千	百	十	元	角	分
					¥	1	3	1	0	4	0	0	0

☑转账　□现金

天狗商贸有限公司　财务专用章

之段印玉

密押

行号

备注　　出纳　复核　经办

图 3-27　银行本票(卡片联)

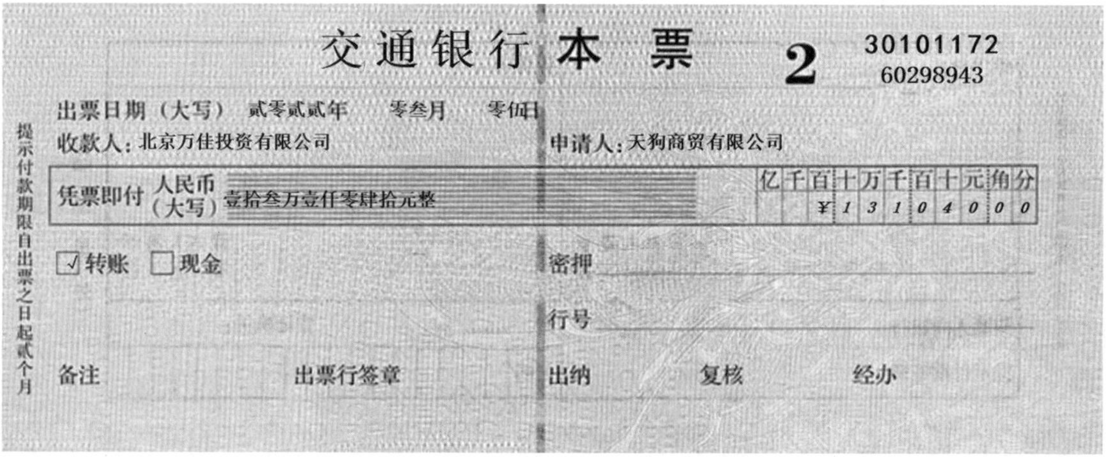

交通银行本票　2　30101172　60298943

提示付款期限自出票之日起贰个月

出票日期（大写）　贰零贰贰年　零叁月　零伍日

收款人：北京万佳投资有限公司　　申请人：天狗商贸有限公司

凭票即付	人民币（大写）	壹拾叁万壹仟零肆拾元整	亿	千	百	十	万	千	百	十	元	角	分
					¥	1	3	1	0	4	0	0	0

☑转账　□现金

密押

行号

备注　出票行签章　出纳　复核　经办

图 3-28　银行本票(正联正面)

相关思考 3-4

不定额银行本票一式两联，第一联由出票银行留存；第二联交给银行本票申请人。银行在签发不定额银行本票时，应按银行本票申请书的内容填写收款人名称，并用中文大写数字填写签发日期，用于转账的本票，标记“转账”字样，用于支取现金的本票，标记“现金”字样，签发完成，将本票第二联连同“银行本票申请书”第三联一并交给申请人。

二、收到银行本票业务

【实验内容】

2022 年 6 月 7 日，天狗商贸有限公司收到银行本票，要到自己的开户行办理进账，请在银行本票的背面盖章。

【操作步骤】

1. 审查银行本票

填写银行本票背面信息并盖章,如图3-29所示。

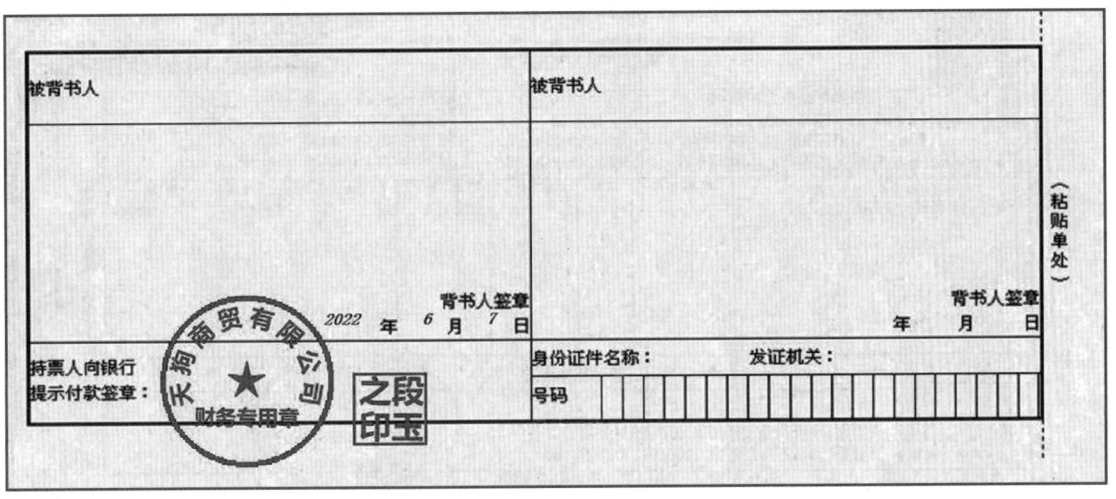

图 3-29　银行本票(正联背面)

2. 填写进账单

2022年6月7日,出纳人员根据背景材料(图3-30和图3-31)填写进账单,如图3-32至图3-34所示。

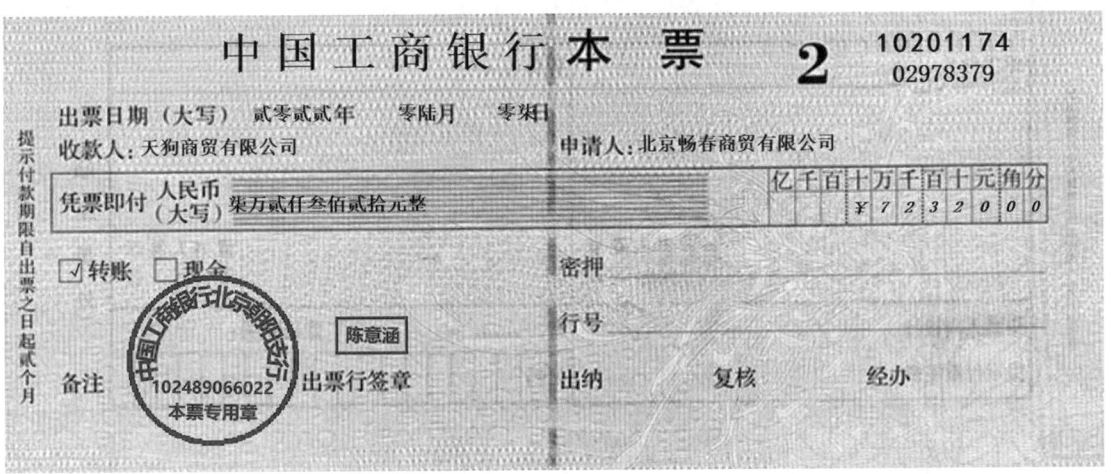

图 3-30　银行本票(正联正面)

图 3-31 增值税专用发票(记账联)

图 3-32 进账单(回单联)

交通银行 进账单（贷方凭证） 2

2022 年 06 月 07 日

出票人	全 称	北京畅春商贸有限公司	收款人	全 称	天狗商贸有限公司
	账 号	1560668924792483729		账 号	110010412025098180018
	开户银行	中国工商银行北京朝阳支行		开户银行	交通银行北京房山支行
金额	人民币（大写）	柒万贰仟叁佰贰拾元整			
票据种类	银行本票	票据张数	1		
票据号码	02978379				
备注：				复核：	记账：

亿	千	百	十	万	千	百	十	元	角	分
			¥	7	2	3	2	0	0	0

8.5×17.5公分 文9角首印刷 0512-6501866

此联由收款人开户银行作贷方凭证

图 3-33 进账单(贷方凭证联)

交通银行 进账单（收账通知） 3

2022 年 06 月 07 日

出票人	全 称	北京畅春商贸有限公司	收款人	全 称	天狗商贸有限公司
	账 号	1560668924792483729		账 号	110010412025098180018
	开户银行	中国工商银行北京朝阳支行		开户银行	交通银行北京房山支行
金额	人民币（大写）	柒万贰仟叁佰贰拾元整			
票据种类	银行本票	票据张数	1		
票据号码	02978379				
复核	记账			收款人开户银行签章	

亿	千	百	十	万	千	百	十	元	角	分
			¥	7	2	3	2	0	0	0

8.5×17.5公分 文9角首印刷 0512-6501866

此联是收款人开户银行交给收款人的收账通知

图 3-34 进账单(收账通知联)

三、收到银行本票背书支付业务

2022 年 8 月 2 日，天狗商贸有限公司将银行本票背书给北京百布织业有限公司，请完成背书的操作步骤。具体步骤如图 3-35 和图 3-36 所示。

图 3-35 银行本票（正联正面）

图 3-36 银行本票（正联背面）

 相关思考 3-5

银行本票背书的有关规定

银行本票的持票人转让本票，应在本票背面"背书"栏内背书，加盖本单位银行预留印鉴，注明背书日期，在"被背书人"栏内填写接受票据单位的名称，之后将银行本票直接交给被背书单位，同时向被背书单位交验有关证件，以便被背书单位查验。

实验业务训练

2022年9月8日,出纳人员将收到的银行本票拿去银行办理进账,如图3-37至图3-40所示。

要求:请问银行会受理哪几张本票。

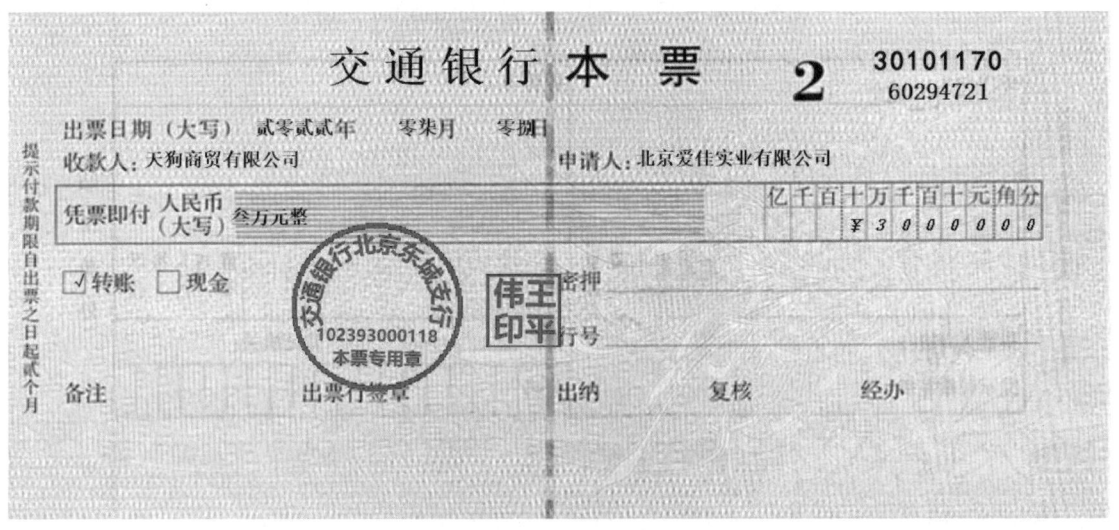

图3-37　银行本票1

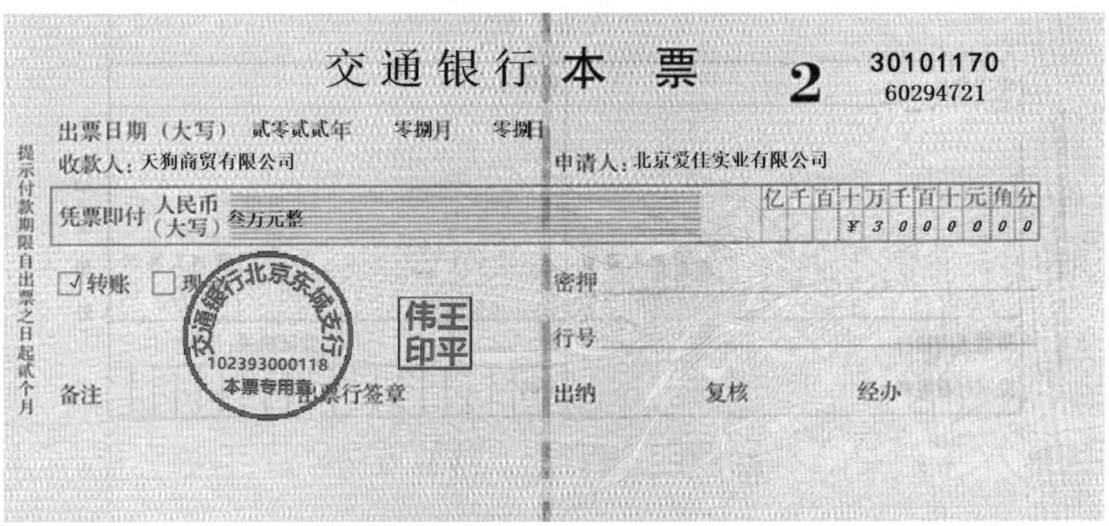

图3-38　银行本票2

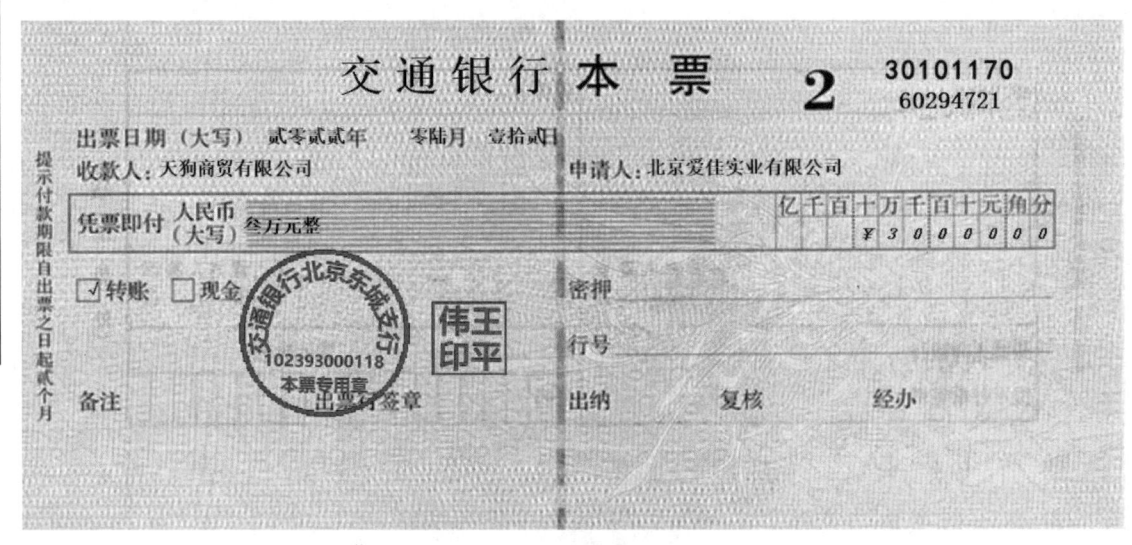

图 3-39 银行本票 3

二维码 3-5
参考答案：
关于付款期限的判断

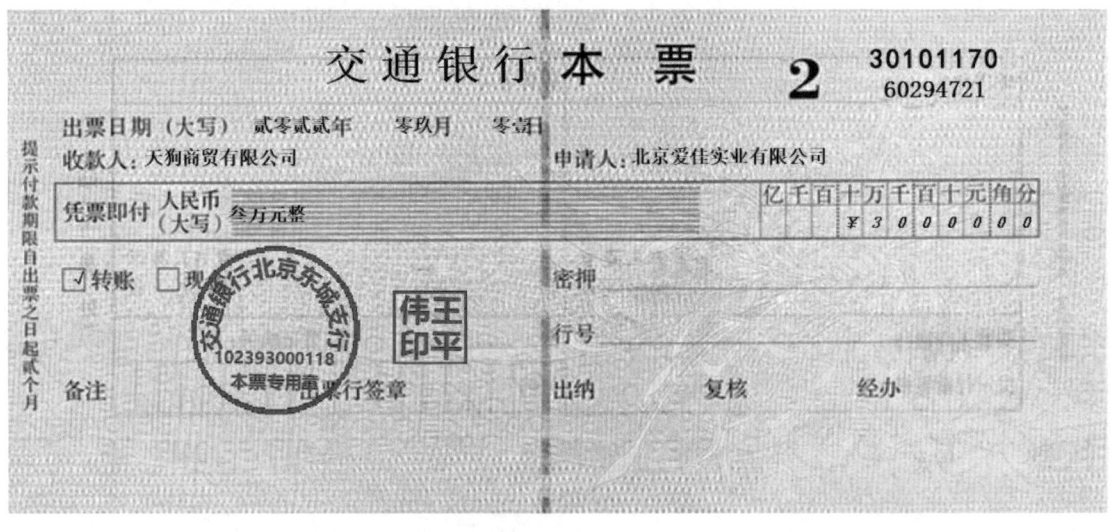

图 3-40 银行本票 4

第三节 银行汇票结算业务

 实验目的

通过本节课的教学，学生能够了解银行汇票的含义及适用范围；熟悉银行汇票结算付款业务和收款业务办理流程及相关规定；能够正确填写银行汇票申请书和进账单等原始单据。

 理论知识点

一、银行汇票的含义及适用范围

1. 银行汇票的含义

银行汇票是出票银行签发的,由其在见票时按照实际结算金额无条件支付给收款人或者持票人的票据。银行汇票的出票银行为银行汇票的付款人。银行汇票一式四联,第一联为卡片,为承兑行支付票款时作付出传票;第二联为银行汇票,与第三联解讫通知一并由汇款人自带,在兑付行兑付汇票后此联作银行往来账付出传票;第三联解讫通知,在兑付行兑付后随报单寄签发行,由签发行作余款收入传票;第四联是多余款收账通知,在签发行结清款项后交汇款人。

2. 银行汇票的适用范围

单位和个人的各种款项结算,均可使用银行汇票。凡在银行开账户的单位、个体经营户和未在银行开立账户的个人,均可向银行申请办理银行汇票,也可受理银行汇票。

银行汇票在同城、异地均可使用,但主要用于异地结算。银行汇票可以用于转账,填明"现金"字样的银行汇票也可以用于提取现金。

二、银行汇票结算的基本规定

1. 申领银行汇票的规定

企业申请银行汇票时,只能向参加"全国联行往来"的银行机构申请办理,并填写"银行汇票申请书"。申请人或收款人为单位的,不能申请使用现金银行汇票,即不可在"银行汇票"申请书上填明"现金"字样。银行汇票的汇款额起点为500元。

2. 银行汇票必须记载事项的规定

(1) 表明"银行汇票"的字样。

(2) 无条件支付的委托。

(3) 确定的金额。

(4) 付款人名称。

(5) 收款人名称。

(6) 出票日期。

(7) 出票人签章。

银行汇票上未记载规定事项之一的,汇票无效。

3. 银行汇票付款期限的规定

银行汇票的提示付款期限自出票日起1个月。逾期的银行汇票,代理付款银行不予受理。申请人因超过提示付款期限或其他原因,可向出票银行作出说明并提供有关证件,请求

付款或退款。

　　4. 银行汇票背书转让的规定

　　(1) 银行汇票可以背书转让,但填写"现金"字样的银行汇票不得背书转让。

　　(2) 银行汇票的背书转让以不超过出票金额的实际结算金额为准。

　　(3) 未填明实际结算金额或实际结算金额超过出票金额的银行汇票不得背书转让。

　　(4) 背书转让必须连续。

实验内容及操作步骤

一、银行汇票支付业务

【实验内容】

2022年3月9日,天狗商贸有限公司申请一张金额为10万元的银行汇票,用于支付货款(结算方式:转账),请填写银行汇票申请书、审核盖章、生成密码并填入。(备注:支付密码器选用"其他";签发人口令为123456)

【操作步骤】

1. 填制银行汇票申请书并审核盖章

出纳人员首先根据付款申请书及采购合同(图3-41和图3-42),填写一式三联的银行汇票业务申请书,如图3-43至图3-45所示,并在第一联加盖预留银行财务印鉴。按照本业务的要求,出纳人员需填写支付密码,由支付密码器生成密码,如图3-46所示。

付款申请书

2022年03月09日

用途及情况	金额										收款单位(人):上海宝龙实业有限公司
支付货款	亿	千	百	十	万	千	百	十	元	角	分	账　号:14020084798247981 9992
			¥	1	0	0	0	0	0	0	0	开户行:交通银行上海静安支行
金额(大写)合计:	人民币 壹拾万元整										结算方式:转账
总经理 段玉	财务部门		经理	乔风			业务部门		经理	丁春秋	
			会计	萧远山					经办人	吕秋水	

图3-41　付款申请书

采购合同

合同编号：BJ202003091
购货单位：天狗商贸有限公司
纳税人识别号：911101114678017185
开户行、账号：交通银行北京房山支行 110010412025098180018
地址、电话：北京市房山区城西路45号 010-22363423
供货单位：上海宝龙实业有限公司
纳税人识别号：913101096743221863
开户行、账号：交通银行上海静安支行 140200847982479819992
地址、电话：上海静安区物华路300号 021-76838482

为了增强甲乙双方的责任感，加强经济核算，提高经济效益，确保双方实现各自的经济目的，经甲乙双方充分协商，特订立本合同，以便共同遵守。

第一条：甲方向乙方购买 电视机 一批，甲方需支付货款金额   人民币壹拾万   元。
第二条：1、产品的交货日期：2022年03月31日
       2、交货方法，按下列第（1）项执行，
           （1）乙方送货（由乙方负责送货上门）；
           （2）乙方代运（乙方代办运输，货到甲方付运费）；
第三条：货款的结算
       1、合同签订，甲方即签发金额为 人民币壹拾万元整银行汇票 支付货款。
第四条：对产品提出异议的时间和办法
       1、甲方在验收中，如果发现产品的品种、型号、规格、花色和质量不同规定，应一面妥为保管，一面在2天内向乙方提出书面异议；
       2、如甲方未按规定期限提出书面异议的，视为所交产品符合合同规定。
       3、甲方因使用、保管不善等造成产品质量下降的，不得提出异议。
       4、乙方在接到甲方书面异议后，应在10天内负责处理；否则，即视为默认甲方提出的异议和处理意见。
第五条：乙方的违约责任
       乙方不能及时送达产品的，应向甲方偿付不能送达部分货款的5%。
第六条：本协议一式 贰 份 甲方 壹 份，乙方 壹 份，自签订日期生效，有效期 6 个月。

甲方：（公章）   乙方：（公章）
法定代表人：（签章）侯玉   法定代表人：（签章）李世
签订日期：2022年03月09日   签订日期：2022年03月09日

图 3-42　采购合同

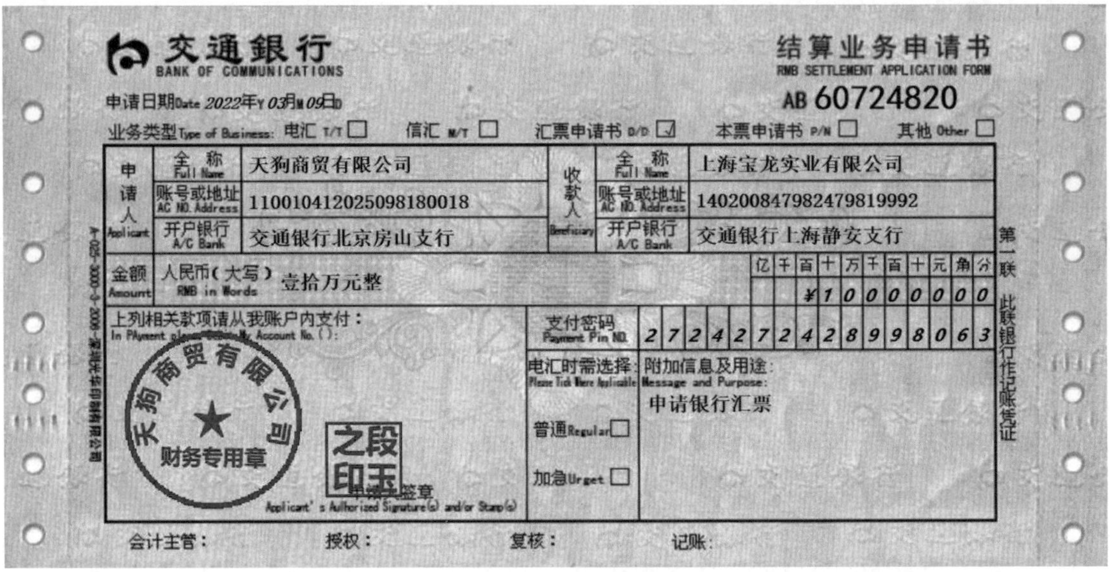
交通银行 BANK OF COMMUNICATIONS

结算业务申请书 RMB SETTLEMENT APPLICATION FORM

AB 60724820

申请日期Date 2022年Y 03月M 09日D

业务类型Type of Business: 电汇 T/T ☐ 信汇 M/T ☐ 汇票申请书 D/D ☑ 本票申请书 P/N ☐ 其他 Other ☐

申请人 Applicant	全称 Full Name	天狗商贸有限公司	收款人 Beneficiary	全称 Full Name	上海宝龙实业有限公司
	账号或地址 AC NO. Address	11001041202509818OO18		账号或地址 AC NO. Address	140200847982479819992
	开户银行 A/C Bank	交通银行北京房山支行		开户银行 A/C Bank	交通银行上海静安支行
金额 Amount	人民币（大写）RMB in Words	壹拾万元整		亿千百十万千百十元角分	¥10000000

上列相关款项请从我账户内支付：In Payment please Debit My Account No.():

支付密码 Payment Pin NO. 2724272428998063

电汇时需选择：Please Tick Here Applicable 普通Regular ☐ 加急Urgent ☐

附加信息及用途：Message and Purpose: 申请银行汇票

天狗商贸有限公司 财务专用章

之段印玉

申请人签章 Applicant's Authorized Signature(s) and/or Stamp(s)

会计主管： 授权： 复核： 记账：

第一联 此联银行作记账凭证

图 3-43　银行汇票申请书（第一联）

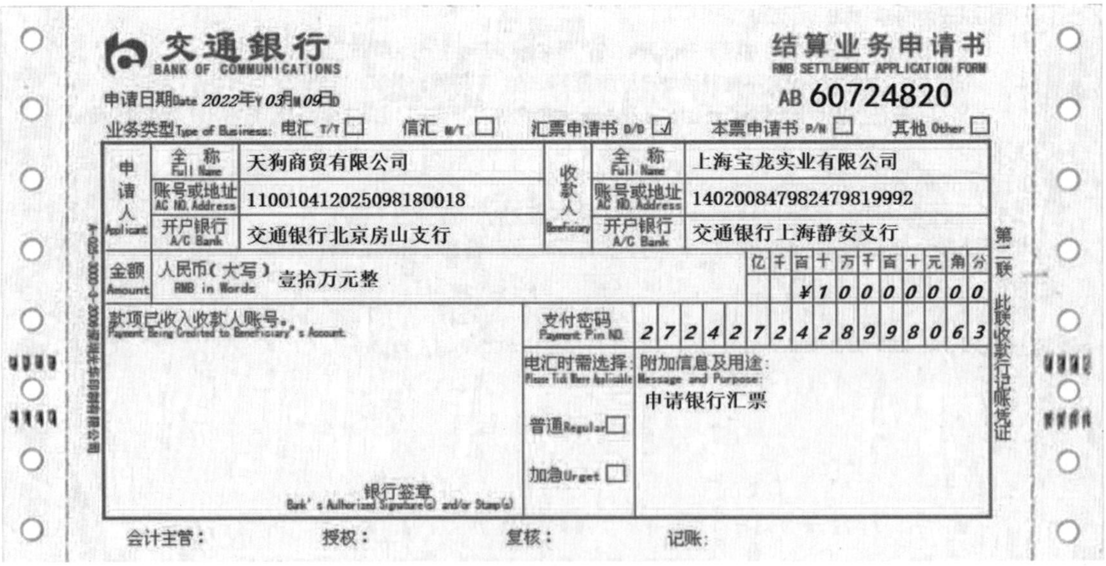
交通银行 BANK OF COMMUNICATIONS

结算业务申请书 RMB SETTLEMENT APPLICATION FORM

AB 60724820

申请日期Date 2022年Y 03月M 09日D

业务类型Type of Business: 电汇 T/T ☐ 信汇 M/T ☐ 汇票申请书 D/D ☑ 本票申请书 P/N ☐ 其他 Other ☐

申请人 Applicant	全称 Full Name	天狗商贸有限公司	收款人 Beneficiary	全称 Full Name	上海宝龙实业有限公司
	账号或地址 AC NO. Address	110010412025098180018		账号或地址 AC NO. Address	140200847982479819992
	开户银行 A/C Bank	交通银行北京房山支行		开户银行 A/C Bank	交通银行上海静安支行
金额 Amount	人民币（大写）RMB in Words	壹拾万元整		亿千百十万千百十元角分	¥10000000

款项已收入收款人账号。Payment Being Credited to Beneficiary's Account.

支付密码 Payment Pin NO. 2724272428998063

电汇时需选择：Please Tick Here Applicable 普通Regular ☐ 加急Urgent ☐

附加信息及用途：Message and Purpose: 申请银行汇票

银行签章 Bank's Authorized Signature(s) and/or Stamp(s)

会计主管： 授权： 复核： 记账：

第二联 此联收款行记账凭证

图 3-44　银行汇票申请书（第二联）

图 3-45　银行汇票申请书(第三联)

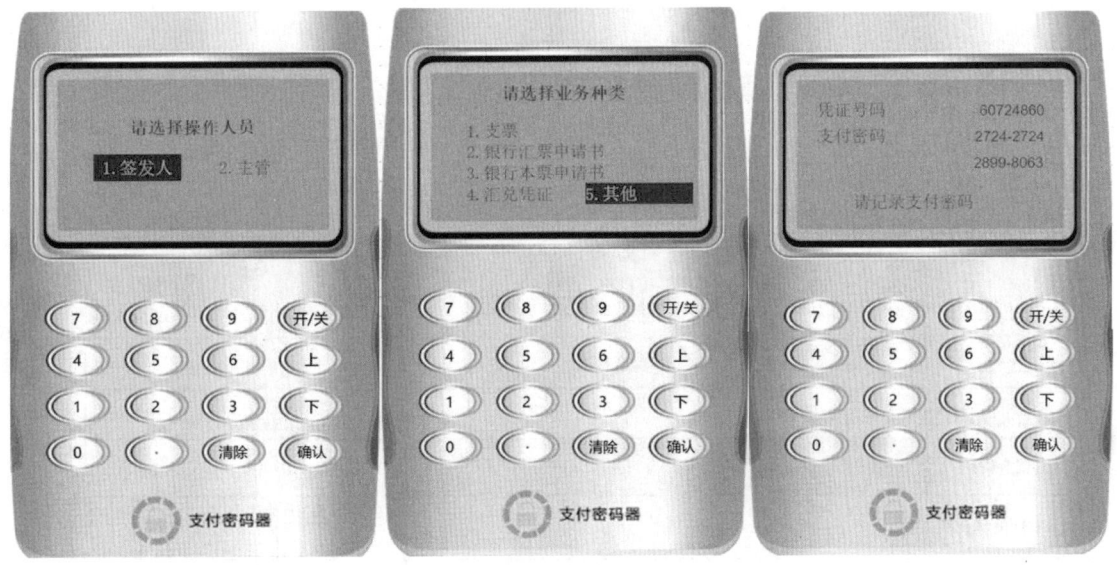

图 3-46　支付密码器操作流程(简图)

2. 开户银行签发银行汇票

2022 年 3 月 9 日,出纳人员将银行汇票申请书交给银行后,银行签发银行汇票给企业,并在银行汇票上盖银行预留印鉴,如图 3-47 至图 3-50 所示。(备注:本题只需在银行汇票第 1 联盖"财务专用章"和"法人章",其他联次的盖章略)

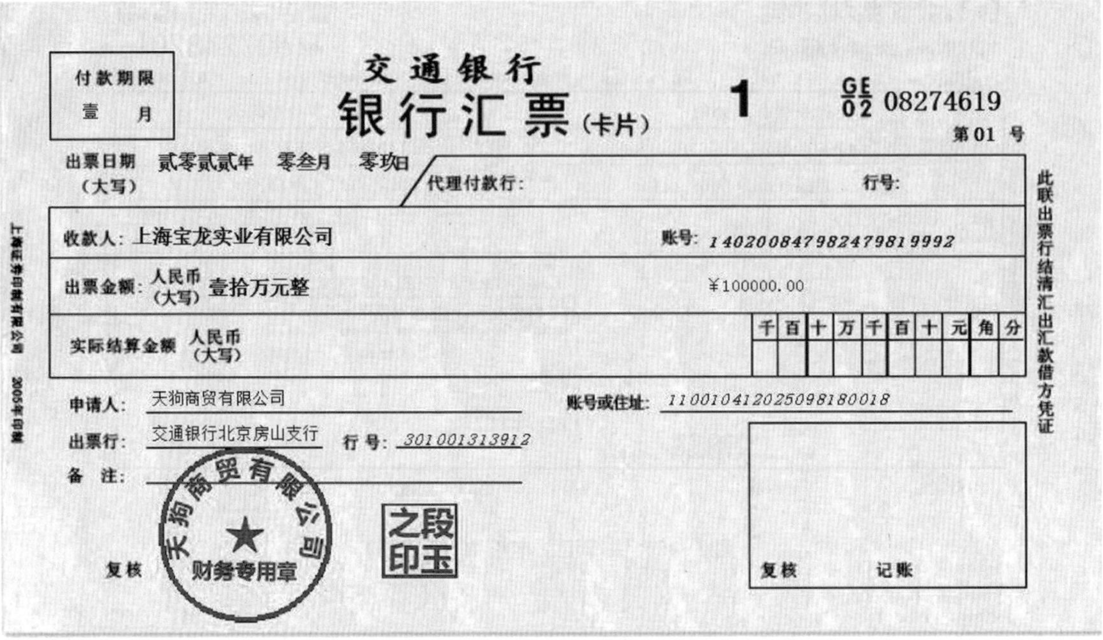

付款期限 壹 月

交通银行

银行汇票（卡片）　1　GE 02 08274619　第01 号

出票日期（大写）贰零贰贰年 零叁月 零玖日　代理付款行：　行号：

收款人：上海宝龙实业有限公司　账号：1402008479824798 19992

出票金额：人民币（大写）壹拾万元整　¥100000.00

实际结算金额 人民币（大写）

千	百	十	万	千	百	十	元	角	分

申请人：天狗商贸有限公司　账号或住址：11001041202509818 0018

出票行：交通银行北京房山支行　行号：301001313912

备注：

天狗商贸有限公司 财务专用章　之段印玉

复核　记账

复核　记账

此联出票行结清汇出汇款借方凭证

上海正华印刷有限公司 2005年印制

图 3-47　银行汇票(卡片联)

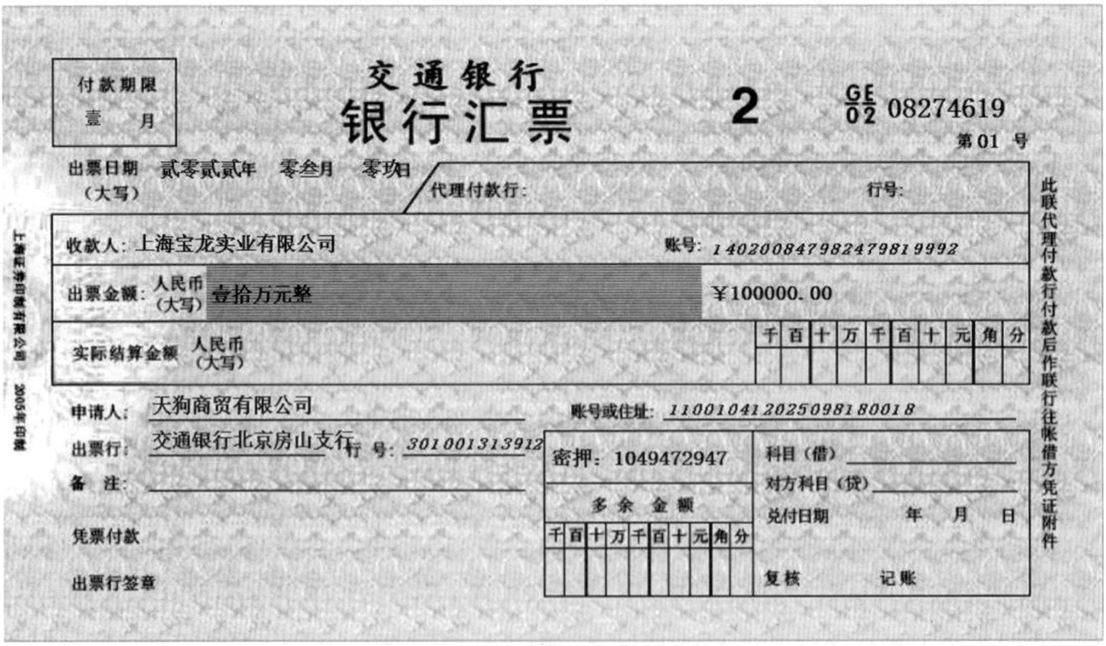

付款期限 壹 月

交通银行

银行汇票　2　GE 02 08274619　第01 号

出票日期（大写）贰零贰贰年 零叁月 零玖日　代理付款行：　行号：

收款人：上海宝龙实业有限公司　账号：1402008479824798 19992

出票金额：人民币（大写）壹拾万元整　¥100000.00

实际结算金额 人民币（大写）

千	百	十	万	千	百	十	元	角	分

申请人：天狗商贸有限公司　账号或住址：11001041202509818 0018

出票行：交通银行北京房山支行　行号：301001313912

备注：

凭票付款

出票行签章

密押：1049472947

多余金额

千	百	十	万	千	百	十	元	角	分

科目（借）

对方科目（贷）

兑付日期　年　月　日

复核　记账

此联代理付款行付款后作联行往帐借方凭证附件

上海正华印刷有限公司 2005年印制

图 3-48　银行汇票(正联正面)

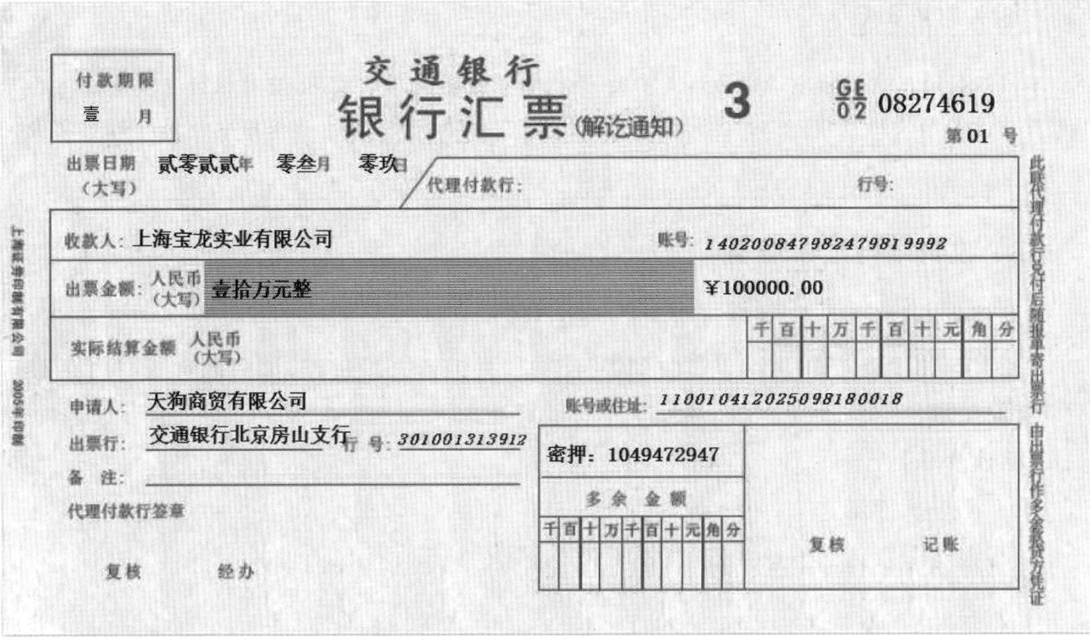
付款期限 壹 月

交通银行
银行汇票(解讫通知) 3 GE 02 08274619
第01号

出票日期（大写） 贰零贰贰年 零叁月 零玖日 代理付款行： 行号：

收款人：上海宝龙实业有限公司 账号：14020084798247981 9992

出票金额：人民币（大写）壹拾万元整 ¥100000.00

实际结算金额 人民币（大写） 千 百 十 万 千 百 十 元 角 分

申请人：天狗商贸有限公司 账号或住址：110010412025098180018

出票行：交通银行北京房山支行 行号：301001313912

备注：

代理付款行签章

复核 经办

密押：1049472947

多余金额 千 百 十 万 千 百 十 元 角 分

复核 记账

此联代理付款行兑付后随报单寄出票行，由出票行作多余款贷方凭证

上海证券印制有限公司 2005年印制

图 3-49 银行汇票(解讫通知联)

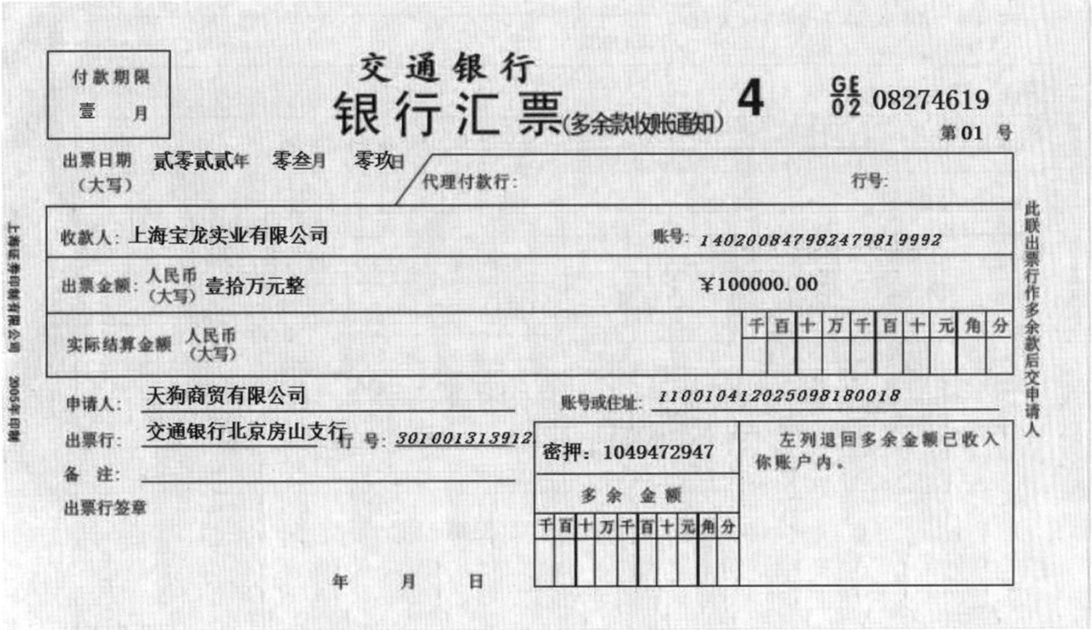
付款期限 壹 月

交通银行
银行汇票(多余款收账通知) 4 GE 02 08274619
第01号

出票日期（大写） 贰零贰贰年 零叁月 零玖日 代理付款行： 行号：

收款人：上海宝龙实业有限公司 账号：14020084798247981 9992

出票金额：人民币（大写）壹拾万元整 ¥100000.00

实际结算金额 人民币（大写） 千 百 十 万 千 百 十 元 角 分

申请人：天狗商贸有限公司 账号或住址：110010412025098180018

出票行：交通银行北京房山支行 行号：301001313912

备注：

出票行签章

年 月 日

密押：1049472947

多余金额 千 百 十 万 千 百 十 元 角 分

左列退回多余金额已收入你账户内。

此联出票行作多余款后交申请人

上海证券印制有限公司 2005年印制

图 3-50 银行汇票(多余款收账通知联)

相关思考 3-6

不同银行的银行汇票申请书的格式不大一样,申请规定也不尽相同,有的银行在申请时还要开具转账支票与填写进账单,有的需要填写支付密码,有的不需要,具体请根据申请银行的规定进行办理。

二、收到银行汇票业务

【实验内容】

2022 年 10 月 13 日,出纳人员收到银行汇票,去银行办理进账,请根据背景材料在银行汇票背面盖章。

【操作步骤】

1. 审查银行汇票

填写银行汇票背面信息并盖章,如图 3-51 至图 3-53 所示。

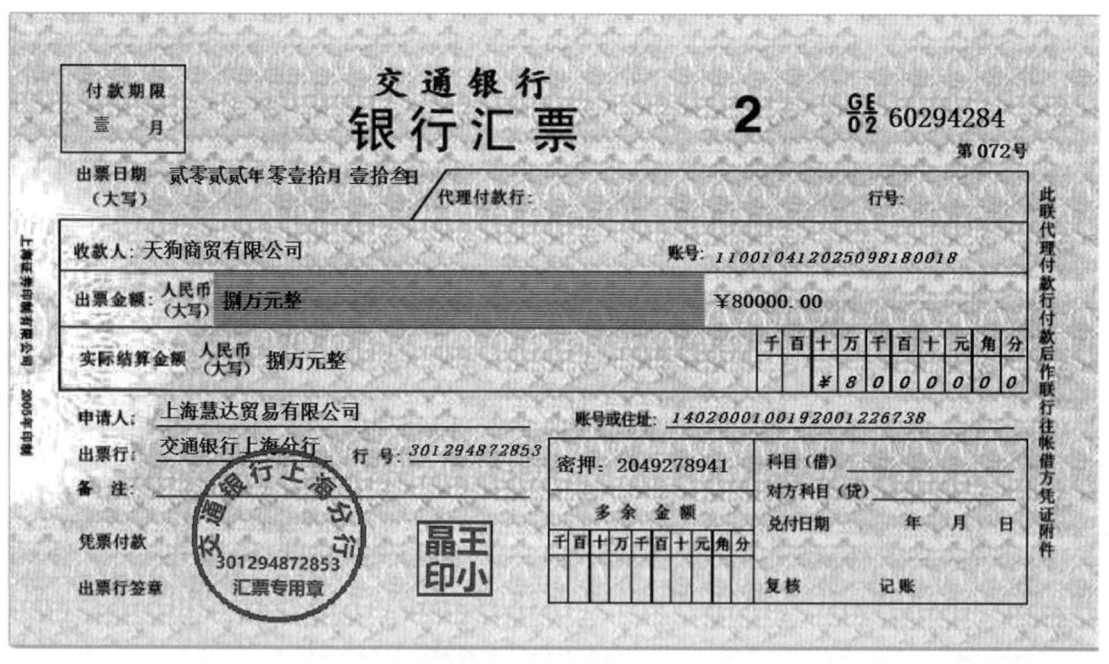

图 3-51　银行汇票(正联正面)

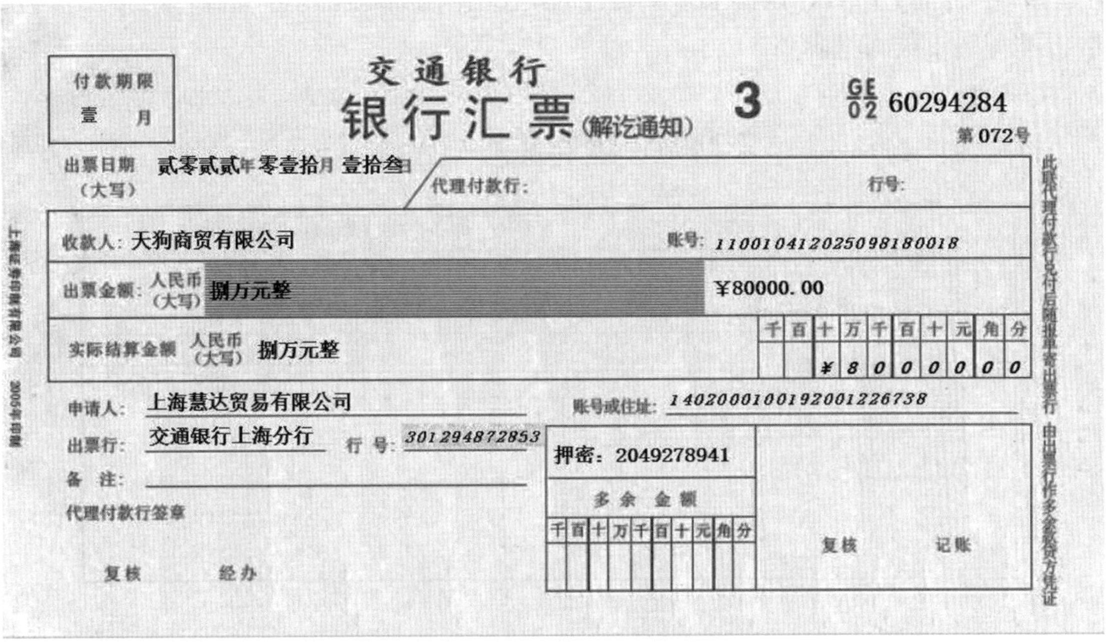

付款期限 壹 月

交通银行

银行汇票(解讫通知) 3

GE 02 60294284

第072号

出票日期(大写) 贰零贰贰年 零壹拾月 壹拾叁日

代理付款行: 行号:

收款人:天狗商贸有限公司 账号:110010412025098180018

出票金额:人民币(大写)捌万元整 ¥80000.00

实际结算金额 人民币(大写) 捌万元整	千	百	十	万	千	百	十	元	角	分
			¥	8	0	0	0	0	0	0

申请人:上海慧达贸易有限公司 账号或住址:1402000100192001226738

出票行:交通银行上海分行 行号:301294872853

备注:

押密:2049278941

多余金额									
千	百	十	万	千	百	十	元	角	分

代理付款行签章

复核 经办

复核 记账

此联代理付款行兑付后随报单寄出票行 由出票行作多余款贷方凭证

上海证券印刷有限公司 2005年印制

图 3-52 银行汇票(解讫通知联)

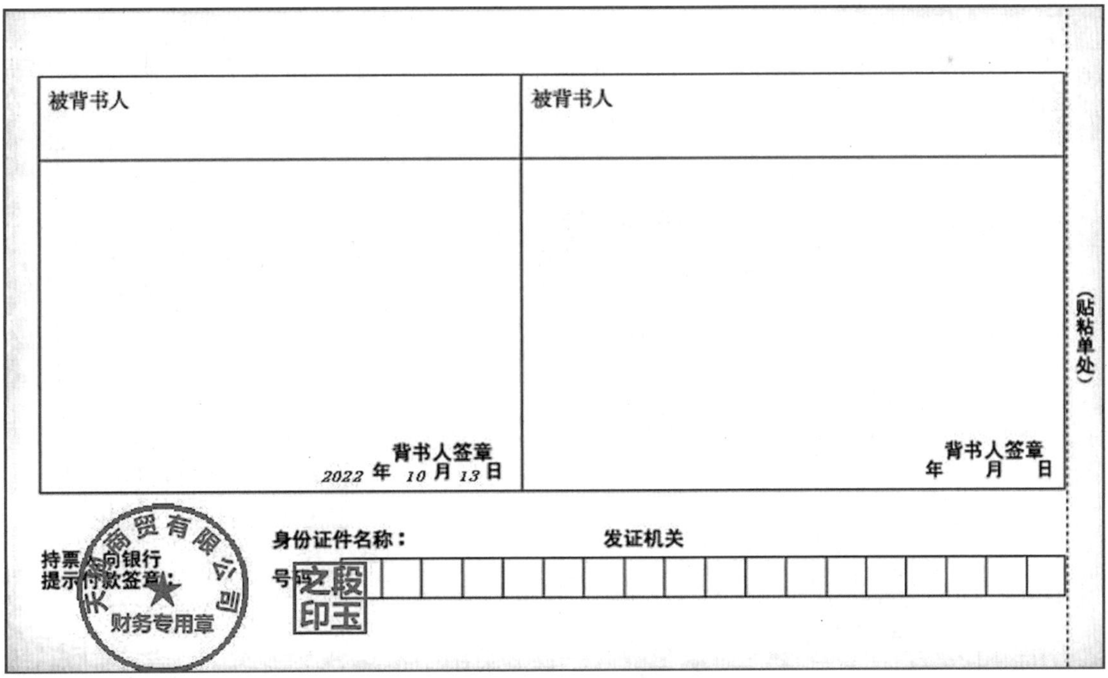

被背书人	被背书人
背书人签章 2022 年 10 月 13 日	背书人签章 年 月 日

持票人向银行提示付款签章: 天狗商贸有限公司 财务专用章 之殷印玉

身份证件名称: 发证机关

号码

(贴粘单处)

图 3-53 银行汇票(正联背面)

2. 填制进账单

2022年10月13日,出纳人员收到银行汇票去银行办理进账,填制进账单,如图3-54所示,进账单第二联、第三联略。

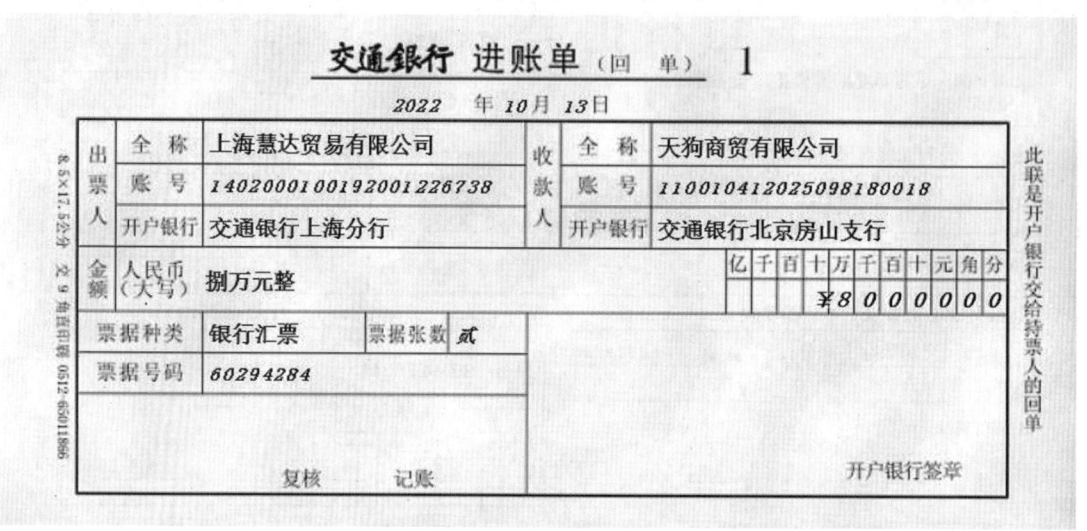

图 3-54　进账单(回单联)

实验业务训练

2022年11月28日,出纳人员将银行汇票背书给北京智美百货有限公司。要求:根据背景材料完成背书的步骤。所需表单如图3-55至图3-57所示。

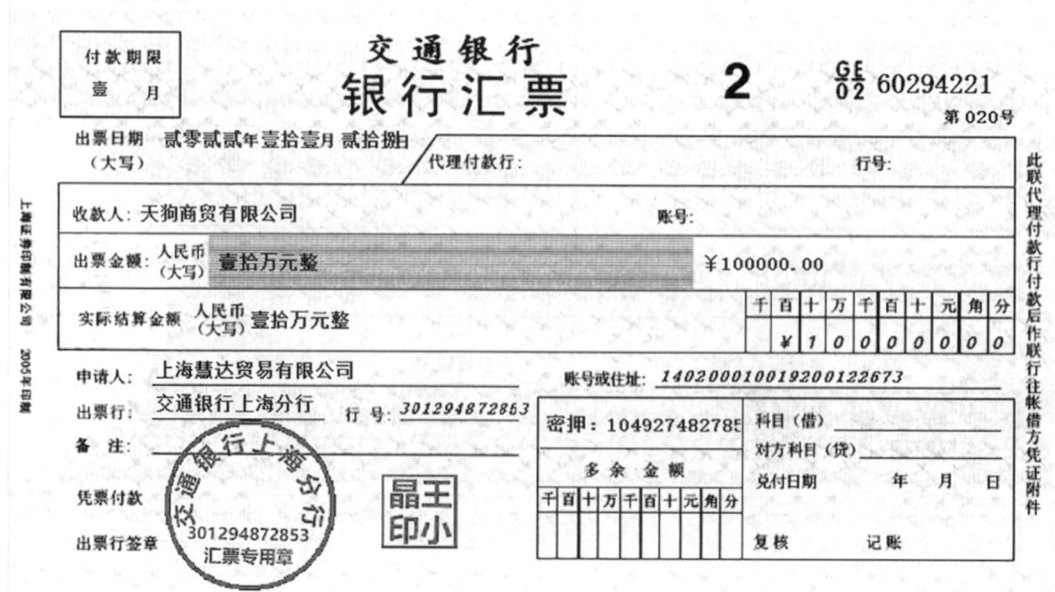

图 3-55　银行汇票(正联正面)

图 3-56　银行汇票（正联背面）

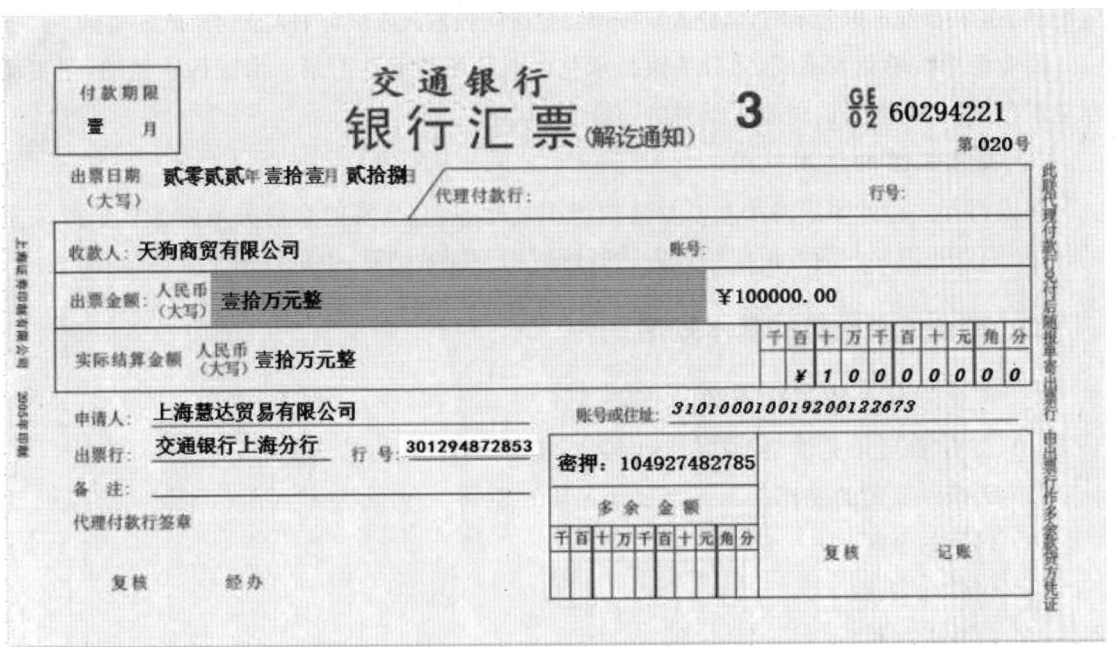

二维码 3-6
参考答案：
收到银行汇票办理背书转让

图 3-57　银行汇票（解讫通知联）

第四节 商业汇票结算业务

实验目的

通过本节课的教学,学生能够了解商业汇票的含义、种类及适用范围;熟悉商业汇票结算业务办理流程及相关规定;能够正确填写"商业承兑汇票"和"银行承兑汇票"等原始单据。

理论知识点

一、商业汇票的含义、分类及适用范围

1. 商业汇票的含义

商业汇票是出票人签发的,委托付款人在指定日期无条件支付确定的金额给收款人或者持票人的票据。

2. 商业汇票的分类

商业汇票按是否计息,分为带息商业汇票和不带息商业汇票。带息商业汇票是指在商业汇票到期时,承兑人必须按票面金额加上应计利息向收款人或被背书人支付票款的票据。不带息商业汇票是指在商业汇票到期时,承兑人只按票面金额向收款人或被背书人支付票款的票据。

商业汇票按承兑人不同,可分为银行承兑汇票和商业承兑汇票。由银行承兑的,是银行承兑汇票;由银行以外的付款人承兑的,是商业承兑汇票。

3. 商业汇票的适用范围

在银行开立存款账户的法人以及其他组织之间,具有真实的交易关系或债权债务关系的,可使用商业汇票。商业汇票结算方式既可以用于同城结算,也可以用于异地结算。

二、商业汇票结算的基本规定

1. 商业汇票必须记载事项的规定

(1) 表明"商业承兑汇票"或"银行承兑汇票"的字样。

(2) 无条件支付的委托。

(3) 确定的金额。

(4) 付款人名称。

(5) 收款人名称。

(6) 出票日期。

(7) 出票人签章。

商业汇票上未记载规定事项之一的,汇票无效。

2. 商业汇票付款人和付款期限的规定

商业汇票的付款人为承兑人。商业汇票付款期限最长不超过6个月,提示付款期限自汇票到期日起10天。

3. 商业汇票背书转让的规定

商业汇票可以背书转让。

实验内容及操作步骤

一、收到银行承兑汇票业务

【实验内容】

2022年4月19日,天狗商贸有限公司收到的银行承兑汇票到期,请根据背景材料,在银行承兑汇票背面标明"委托收款"字样,并找相关人员审核盖章。

【操作步骤】

1. 审核盖章

出纳人员收到银行承兑汇票注意审核以下问题:是否为中国人民银行统一印制的银行承兑汇票;汇票的签发和到期日期、收款单位名称、账号、开户银行等栏目是否填写齐全;汇票上的印鉴是否齐全;汇票是否超过有效承兑期限;汇票上有无注明"不得转让"字样,经转让的汇票,背书是否连续,签章是否正确。并在银行承兑汇票背面填写"委托收款"字样加盖银行预留印鉴,如图3-58和图3-59所示。

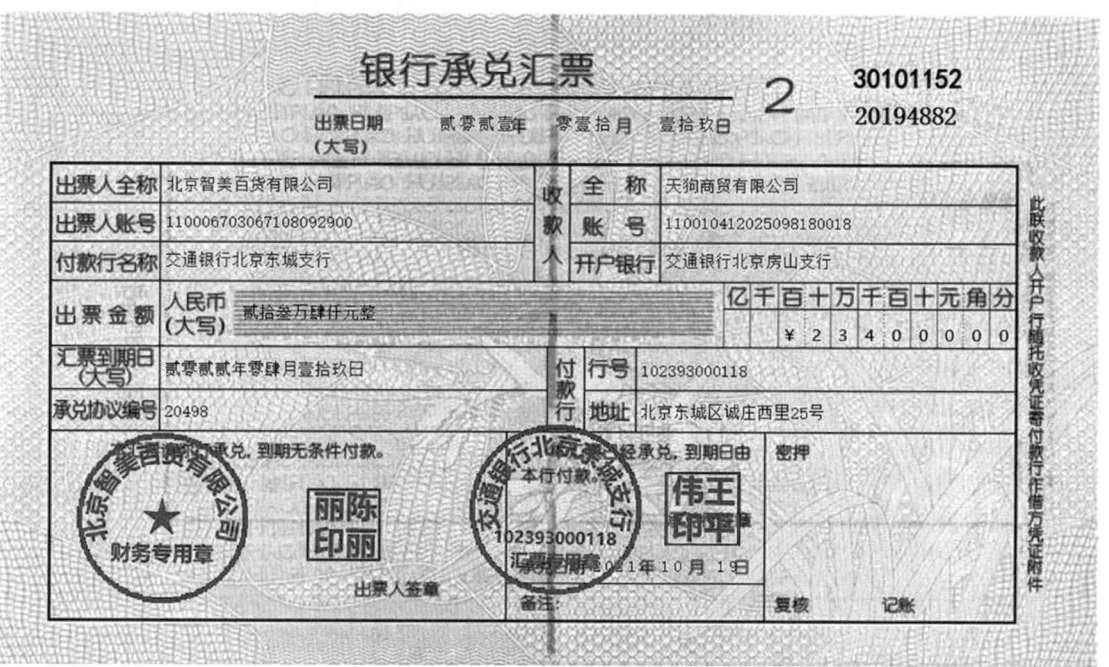

图3-58 银行承兑汇票(正面)

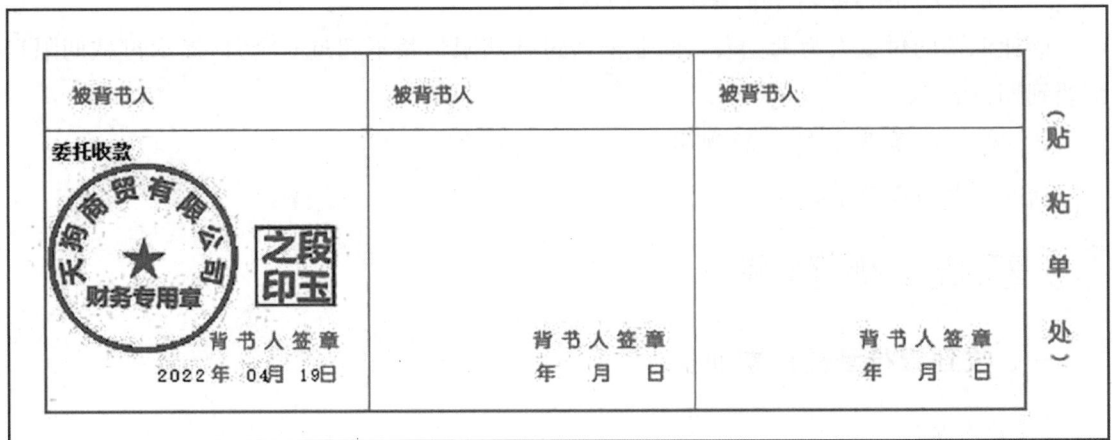

图 3-59 银行承兑汇票(背面)

2. 填写托收凭证并审核盖章

2022年4月19日,出纳人员持审核盖章后的银行承兑汇票去银行办理委托收款(电划)。根据背景材料,填写托收凭证,并找相关人员审核盖章。(备注:货已发运,不考虑银行签章)

出纳人员持审核盖章后的银行承兑汇票去银行填写一式五联的委托收款的托收凭证,并在第二联,即托收凭证贷方凭证联上加盖企业预留银行财务印鉴,如图3-60至图3-64所示。

图 3-60 托收凭证(回单联)

图 3-61　托收凭证(贷方凭证联)

图 3-62　托收凭证(借方凭证联)

托收凭证（汇款依据或收账通知） 4

委托日期 2022 年 04 月 19 日　　付款期限　年　月　日

业务类型	委托收款（□邮划、☑电划）　托收承付（□邮划、□电划）					
付款人	全称	交通银行北京东城支行	收款人	全称	天狗商贸有限公司	
	账号			账号	11001041202509818 0018	
	地址	省 北京 市县 开户行 交通银行北京东城支行		地址	省 北京 市县 开户行 交通银行北京房山支行	
金额	人民币（大写）	贰拾叁万肆仟元整			亿千百十万千百十元角分 ¥ 2 3 4 0 0 0 0 0	
款项内容	货款		托收凭据名称	银行承兑汇票	附寄单证张数	1
商品发运情况	已发			合同名称号码		
备注		上列款项已划回收入你方账户内。				

收款人开户银行签章　年　月　日

复核　　记账

此联付款人开户行凭以汇款或收款人开户银行作收账通知

图 3-63　托收凭证（收账通知联）

托收凭证（付款通知） 5

委托日期 2022 年 04 月 19 日　　付款期限　年　月　日

业务类型	委托收款（□邮划、☑电划）　托收承付（□邮划、□电划）					
付款人	全称	交通银行北京东城支行	收款人	全称	天狗商贸有限公司	
	账号			账号	11001041202509818 0018	
	地址	省 北京 市县 开户行 交通银行北京东城支行		地址	省 北京 市县 开户行 交通银行北京房山支行	
金额	人民币（大写）	贰拾叁万肆仟元整			亿千百十万千百十元角分 ¥ 2 3 4 0 0 0 0 0	
款项内容	货款		托收凭据名称	银行承兑汇票	附寄单证张数	1
商品发运情况	已发			合同名称号码		
备注		上列款项已划回收入你方账户内。				

收款人开户银行签章　年　月　日

复核　　记账

此联付款人开户行凭以汇款或收款人开户银行作收账通知

图 3-64　托收凭证（付款通知联）

二、银行承兑汇票支付业务

【实验内容】

2022年6月21日,天狗商贸有限公司向银行信贷部申请开立6个月期限的银行承兑汇票,用于支付货款。

【操作步骤】

1. 填写申请书

根据背景资料,如图3-65至图3-67所示,出纳人员填写申请书,如图3-68至图3-70所示。(备注:因每家银行所需提供的资料不同,本题只提供了部分背景资料)

2. 存入保证金

2022年6月21日,天狗商贸有限公司将50%的票款存入保证金账户(不考虑填入支付密码)。根据背景材料,如图3-71和图3-72所示,填写转账支票并签章,如图3-73和图3-74所示。

图3-65　增值税专用发票(发票联)

购销合同

购方：**天狗商贸有限公司**　　　　　合同编号：**20220610**

销方：**北京万佳投资有限公司**　　　签订时间：**2022年06月10日**

供需双方本着互利互惠、长期合作的原则，根据《中华人民共和国民法典》合同编及双方的实际情况，就需方向供方采购事宜，订立本合同，以使双方在合同履行中共同遵守。

一、产品名称、数量、单价、金额：

产品名称	规格型号	计量单位	数量	单价	金额	备注
电视机	60寸	台	40	3955.00	158200.00	含税价
戴尔笔记本电脑	14寸	台	40	3616.00	144640.00	
合计					¥302840.00	

合计人民币（大写）：**叁拾万贰仟捌佰肆拾元整**

二、质量要求技术标准：供方对质量负责的条件和期限：按合同企业标准。

三、交（提）货地点、方式：**销货方送货到购货方仓库。**

四、付款时间与付款方式：
1、货款采用银行承兑汇票的结算方式；2、交货日期：2022年06月20日。

五、运输方式及到站、港和费用负担：**供货方**

六、合理损耗及计算方法：以实际数量验收。

七、包装标准、包装物的供应与回收：普通包装，不回收包装物。

八、验收标准、方法及提出异议期限：货到需方7天内提出质量异议，不包括运输过程中造成的质量问题。

九、违约责任：按《民法典》合同编。

十、解决合同纠纷的方式：双方协商解决。

十一、其他约定事项：本合同一式两份，需、供双方各一份，经双方盖章后即生效。

购方（盖章）：**天狗商贸有限公司**	销方（盖章）：**北京万佳投资有限公司**
单位地址：北京市房山区城额路45号	单位地址：北京朝阳区翠微路6号
电　话：010-22363423	电　话：010-85103456
签订日期：2022年06月10日	签订日期：2022年06月10日
开户银行：**交通银行北京房山支行**	开户银行：**交通银行北京朝阳支行**
账　号：110010412025098100018	账　号：140200010400041073423

图 3-66　购销合同

股东会决议

本公司于 2022 年 06 月 20 日在 天狗商贸有限公司三楼会议室 召开股东会，会议应到股东 4 人，实到 3 人，参加会议的股东在人数和资格等方面符合《民法典》合同编和《公司章程》的有关规定。会议审议并一致通过如下决议：

公司在交通银行北京房山支行申请办理银行承兑汇票业务，具体承兑金额和笔数以公司提供的银行承兑汇票的票面金额和张数为准，授权段玉有权代表公司与交通银行北京房山支行签署承兑合同及其项下单笔借款协议和其他相关的法律文件，授权终止期限至交行收到本公司的书面通知为止。

我公司保证对于所贷款项按时还本付息。

股东签章：

_____(公司公章)

2022 年 06 月 20 日

图 3-67 股东会决议

图 3-68 银行承兑汇票申请书(第一联)

交通银行
承兑汇票申请书

编号：770321

我单位遵守中国人民银行《商业汇票办法》的一切规定，向贵行申请承兑。票据内容如下：

申请单位全称	天狗商贸有限公司	开户银行全称	交通银行北京房山支行	账号	11001041202509818001 8

汇票号码					
汇票金额(大写)		叁拾万贰仟捌佰肆拾元整			
出票日期(大写)		贰零贰贰年零陆月贰拾壹日			
汇票到期日(大写)		贰零贰贰年壹拾贰月贰拾壹日			
承兑单位或承兑银行		交通银行北京房山支行			
收款人资料	收款人全称	北京万佳投资有限公司			
	收款人开户行	交通银行北京朝阳支行			
	收款人账户	140200010400041073423			
申请承兑合计金额		¥302840.00			

申请承兑的原因和用途：支付货款

申请单位（公章）：天狗商贸有限公司

法人代表签章：段玉之印

2022 年 06 月 21 日

第二联：开户银行留存

注：本申请书一式叁份，两份提交银行，壹份由申请单位自留。

图 3-69 银行承兑汇票申请书(第二联)

交通银行

承兑汇票申请书

编号：770321

我单位遵守中国人民银行《商业汇票办法》的一切规定，向贵行申请承兑。票据内容如下：

申请单位全称	天狗商贸有限公司	开户银行全称	交通银行北京房山支行	账号	110010412025098180018
汇票号码					
汇票金额(大写)	叁拾万贰仟捌佰肆拾元整				
出票日期(大写)	贰零贰贰年零陆月贰拾壹日				
汇票到期日(大写)	贰零贰贰年壹拾贰月贰拾壹日				
承兑单位或承兑银行	交通银行北京房山支行				
收款人资料 收款人全称	北京万佳投资有限公司				
收款人资料 收款人开户行	交通银行北京朝阳支行				
收款人资料 收款人账户	140200010400041073423				
申请承兑合计金额	¥302840.00				

申请承兑的原因和用途：支付货款

申请单位（公章）　天狗商贸有限公司　　　法人代表签章：段玉之印

2022 年 06 月 21 日

注：本申请书一式叁份，两份提交银行，壹份由申请单位自留。

第三联：申请单位留存

图 3-70　银行承兑汇票申请书(第三联)

银行承兑汇票承兑协议

编号：770321

收款人全称：北京万佳投资有限公司
开户银行：交通银行北京朝阳支行
账号：140200010400041073423

付款人全称：天狗商贸有限公司
开户银行：交通银行北京房山支行
账号：110010412025098180018

汇票金额（大写）：人民币 叁拾万贰仟捌佰肆拾元整
签发日期：2022年06月21日 到期日期：2022年12月21日

以上汇票经承兑银行承兑，承兑申请人（下称申请人）愿遵守《支付结算办法》的规定及下列条款：

1、申请人于汇票到期日期将应付票款足额交存承兑银行。

2、承兑手续费按票面金额 万 分之（ 5 ）计算，在银行承兑时一次付清。

3、承兑汇票如发生任何交易纠纷，均由收付双方自行处理。票款于到期前仍按第一条办理不误。

4、承兑汇票到期日，承兑银行凭票无条件支付票款。如到期日之前申请人不能足额交付票款时，承兑银行对不足支付部分的票款转作承兑申请人逾期贷款，并按照有关规定计收罚息。

5、承兑汇票款付清后，本协议始自动失效。本协议第一联和第二联分别由承兑银行信贷部门和承兑申请人存执，协议副本由银行会计部门存查。

承兑银行：（公章）   承兑申请人（公章）
法定代表人（或授权代理人）： 法定代表人（或授权代理人）：
付款行的行号：301001313912   签订日期：2022 年 06 月 21 日
付款行的地址：北京市房山区文峰路104号

图 3-71 银行承兑汇票承兑协议

付款申请书

2022 年 06 月 21 日

用途及情况	金额										收款单位(人)：天狗商贸有限公司
存保证金	亿	千	百	十	万	千	百	十	元	角	分	账号：6222198231561812799111
				¥	1	5	1	4	2	0	0	开户行：交通银行北京房山支行

金额（大写）合计：	人民币壹拾伍万壹仟肆佰贰拾元整			结算方式：申请银行承兑汇票	
总经理	段玉	财务部门	经理 乔风	业务部门	经理 丁春秋
			会计 萧远山		经办人 吕秋水

图 3-72 付款申请书

图 3-73　转账支票(正面)

图 3-74　转账支票(背面)

相关思考 3-7

存多少保证金是银行根据企业的规模大小、资金运作的情况而定的,正常第一次申请时,保证金会比较高,随后会逐步降低,具体可咨询相关开户行。

3. 填制进账单

2022 年 6 月 21 日,天狗商贸有限公司出纳填制进账单将保证金存入保证金账户。保证金账户为 6222198231561181279111。根据背景资料,如图 3-71 至图 3-74 所示,填制进账单,如图 3-75 所示,进账单的第二联和第三联略。

图 3-75 进账单(回单联)

4. 填制银行承兑汇票

2022年6月21日,天狗商贸有限公司签发6个月的银行承兑汇票给北京万佳投资有限公司。根据背景材料,如图3-71所示,填写银行承兑汇票,如图3-76至图3-78所示,并找相关人员审核盖章。(备注:第2联正联不考虑签章)

图 3-76 银行承兑汇票(卡片联)

银行承兑汇票 2　　30101150 68029742

出票日期（大写）　贰零贰贰年　零陆 月　贰拾壹日

出票人全称	天狗商贸有限公司	收款人	全　称	北京万佳投资有限公司
出票人账号	110010412025098180018		账　号	140200010400041073423
付款行名称	交通银行北京房山支行		开户银行	交通银行北京朝阳支行
出票金额	人民币（大写）叁拾万贰仟捌佰肆拾元整		亿千百十万千百十元角分	¥ 3 0 2 8 4 0 0 0
汇票到期日（大写）	贰零贰贰年壹拾贰月贰拾壹日	付款行	行号	301001313912
承兑协议编号	770321		地址	北京市房山区文峰路104号
本汇票请你行承兑，到期无条件付款。天狗商贸有限公司 财务专用章 之段印玉 出票人签章		本汇票已经承兑，到期日由本行付款。承兑行签章 承兑日期　年　月　日 备注:		密押 复核　记账

此联收款人开户行随托收凭证寄付款行作借方凭证附件

图 3-77　银行承兑汇票(正联)

银行承兑汇票（存根） 3　　30101150 68029742

出票日期（大写）　贰零贰贰年　零陆 月　贰拾壹日

出票人全称	天狗商贸有限公司	收款人	全　称	北京万佳投资有限公司
出票人账号	110010412025098180018		账　号	140200010400041073423
付款行名称	交通银行北京房山支行		开户银行	交通银行北京朝阳支行
出票金额	人民币（大写）叁拾万贰仟捌佰肆拾元整		亿千百十万千百十元角分	¥ 3 0 2 8 4 0 0 0
汇票到期日（大写）	贰零贰贰年壹拾贰月贰拾壹日	付款行	行号	301001313912
承兑协议编号	770321		地址	北京市房山区文峰路104号
		备注:		密押 复核　经办

此联由出票人存查

图 3-78　银行承兑汇票(存根联)

三、收款人签发商业承兑汇票业务

2022 年 5 月 26 日，天狗商贸有限公司向北京智美百货有限公司销售产品，合同约定由收款方天狗商贸有限公司签发付款期限为3个月的商业承兑汇票结算货款,付款方北京智美百货有限公司于当日承兑。根据背景资料,如图3-79和图3-80所示,签发商业承兑汇票,如图3-81至图3-83所示。

购销合同

购方:北京智美百货有限公司　　合同编号:20220520
销方:天狗商贸有限公司　　　　签订时间:2022年05月20日

供需双方本着互利互惠、长期合作的原则,根据《中华人民共和国民法典》合同编及双方的实际情况,就需方向供方采购事宜,订立本合同,以使双方在合同履行中共同遵守。

一、产品名称、数量、单价、金额:

产品名称	规格型号	计量单位	数量	单价	金额	备注
戴尔笔记本电脑	14寸	台	15	3616.00	54240.00	含税价
合计					￥54240.00	

合计人民币(大写):　伍万肆仟贰佰肆拾元整

二、质量要求技术标准:供方对质量负责的条件和期限:按合同企业标准。

三、交(提)货地点、方式:销货方送货到购货方仓库。

四、付款时间与付款方式:
1、货款采用商业承兑汇票的结算方式;2、交货日期:2022年05月26日。

五、运输方式及到站、港和费用负担:供货方

六、合理损耗及计算方法:以实际数量验收。

七、包装标准、包装物的供应与回收:普通包装,不回收包装物。

八、验收标准、方法及提出异议期限:货到需方7天内提出质量异议,不包括运输过程中造成的质量问题。

九、违约责任:按《民法典》合同编。

十、解决合同纠纷的方式:双方协商解决。

十一、其他约定事项:本合同一式两份,需、供双方各一份,经双方盖章后即生效。

购方(盖章):北京智美百货有限公司　　销方(盖章):天狗商贸有限公司
单位地址:北京东城民政街西路25号　　单位地址:北京市房山区城西路25号
电　话:010-81233122　　　　　　　电　话:010-22763423
签订日期:2022年05月20日　　　　　签订日期:2022年05月20日
开户银行:交通银行北京东城支行　　　开户银行:交通银行北京房山支行
账　号:110006703067108002900　　账　号:110010412025098180018

图3-79　购销合同

1101204131　　北京增值税专用发票　　№ 66029851　　1101204131 66029851

此联不作报销、扣税凭证使用　　开票日期：2022年05月26日

购买方	名　　称：北京智美百货有限公司 纳税人识别号：91110101780227312 2 地址、电话：北京东城区诚庄西里25号 010-81233122 开户行及账号：交通银行北京东城支行 110006703067108092900	密码区	03*3187<4/+8490<+95-59+7<243 4987<0-->>-6>525<693719->7*7 87*3187<4/+8490<+95708681380 9<712/<1+9016>6906++>84>93/-

货物或应税劳务、服务名称	规格型号	单位	数量	单价	金额	税率	税额
*电子计算机*戴尔笔记本电脑	14寸	台	15	3200.00	48000.00	13%	6240.00
合　计					¥48000.00		¥6240.00
价税合计（大写）	⊗伍万肆仟贰佰肆拾元整				（小写）¥54240.00		

销售方	名　　称：天狗商贸有限公司 纳税人识别号：911101114678017185 地址、电话：北京市房山区城西路45号 010-22363423 开户行及账号：交通银行北京房山支行 110010412025098180018	备注	

收款人：　　复核：　　开票人：林世梅　　销售方：（章）

第一联：记账联　销售方记账凭证

图 3-80　增值税专用发票（记账联）

商业承兑汇票（卡片）　1　　30101160 20497531

出票日期（大写）　贰零贰贰 年 零伍 月 贰拾陆 日

付款人	全称	北京智美百货有限公司	收款人	全称	天狗商贸有限公司
	账号	110006703067108092900		账号	110010412025098180018
	开户银行	交通银行北京东城支行		开户银行	交通银行北京房山支行
出票金额	人民币（大写）	伍万肆仟贰佰肆拾元整	亿千百十万千百十元角分		¥ 5 4 2 4 0 0 0
汇票到期日（大写）		贰零贰贰年零捌月贰拾陆日	付款人开户行	行号	102393000118
交易合同号码		20220520		地址	北京市东城区朝安街123号

出票人签章　　备注：

此联承兑人留存

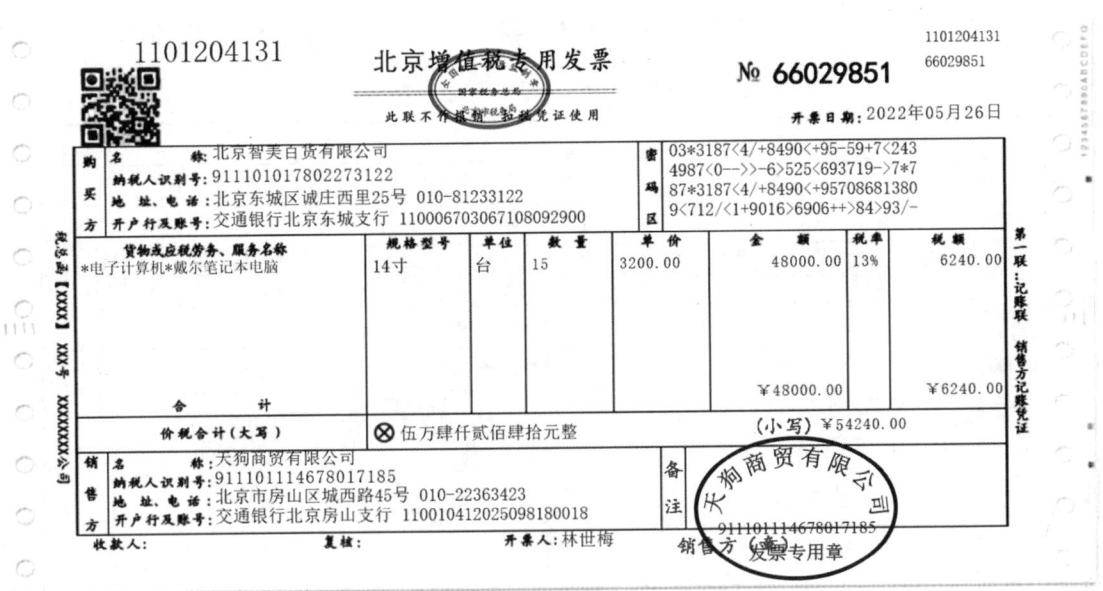

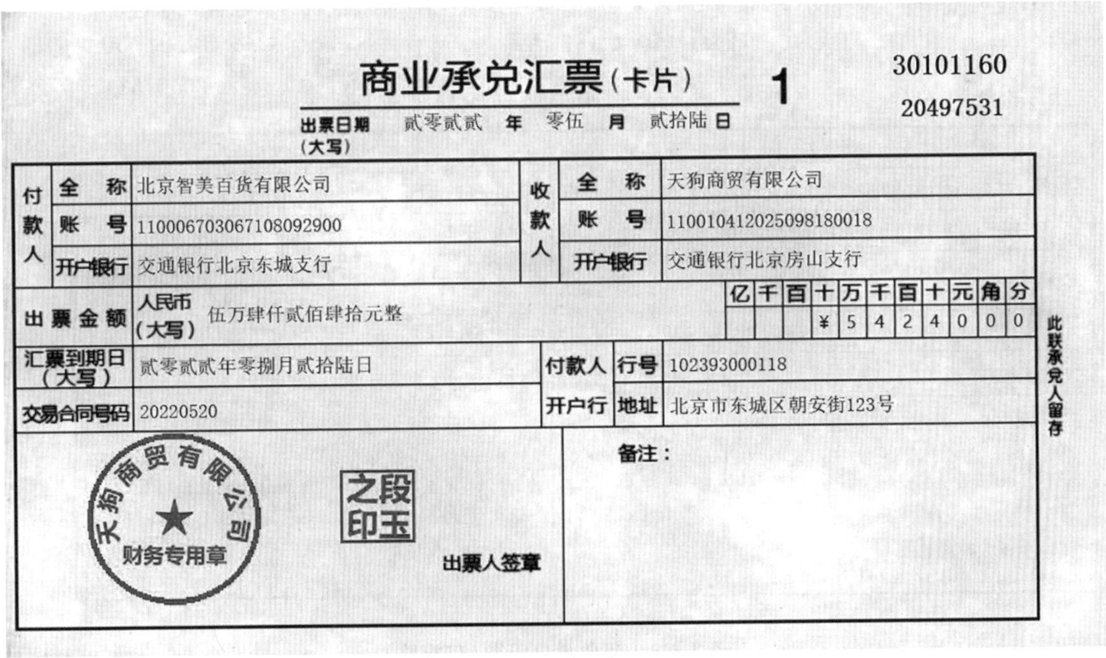

图 3-81　商业承兑汇票（卡片联）

图 3-82　商业承兑汇票(正联)

图 3-83　商业承兑汇票(存根联)

四、付款人签发商业承兑汇票业务

2022年5月10日,天狗商贸有限公司向上海宝龙实业有限公司购买商品,合同约定由付款方天狗商贸有限公司签发付款期限为4个月的商业承兑汇票结算货款,并于当日承兑。根据背景资料,如图3-84和图3-85所示,签发商业承兑汇票,如图3-86至图3-88所示。

购销合同

购方:天狗商贸有限公司
销方:上海宝龙实业有限公司
合同编号:20220510
签订时间:2022年05月10日

供需双方本着互利互惠、长期合作的原则,根据《中华人民共和国民法典》合同编及双方的实际情况,就需方向供方采购事宜,订立本合同,以使双方在合同履行中共同遵守。

一、产品名称、数量、单价、金额:

产品名称	规格型号	计量单位	数量	单价	金额	备注
咖啡机	UI-016	台	80	971.80	77744.00	含税价
酸奶机	TL97	台	120	167.24	20068.80	
合计					¥97812.80	

合计人民币(大写):玖万柒仟捌佰壹拾贰元捌角整

二、质量要求技术标准:供方对质量负责的条件和期限:按合同企业标准。
三、交(提)货地点、方式:销货方送货到购货方仓库。
四、付款时间与付款方式:
1、货款采用商业承兑汇票的结算方式;2、交货日期:2022年05月20日。

五、运输方式及到站、港和费用负担:供货方
六、合理损耗及计算方法:以实际数量验收。
七、包装标准、包装物的供应与回收:普通包装,不回收包装物。
八、验收标准、方法及提出异议期限:货到需方7天内提出质量异议,不包括运输过程中造成的质量问题。
九、违约责任:按《民法典》合同编。
十、解决合同纠纷的方式:双方协商解决。
十一、其他约定事项:本合同一式两份,需、供双方各一份,经双方盖章后即生效。

购方(盖章):天狗商贸有限公司
单位地址:北京市房山区城南路65号
电　话:010-22363423
签订日期:2022年05月10日
开户银行:交通银行北京房山支行
账　号:110016412025098160018

销方(盖章):上海宝龙实业有限公司
单位地址:上海市静安区物华路300号
电　话:021-76838482
签订日期:2022年05月10日
开户银行:交通银行上海静安支行
账　号:140200847982479819992

图 3-84　购销合同

3101204131

上海增值税专用发票

发票联

3101204131

60800024

№ 60800024

开票日期：2022年05月10日

购买方	名　　称：天狗商贸有限公司 纳税人识别号：911101114678017185 地 址、电 话：北京市房山区城西路45号 010-22363423 开户行及账号：交通银行北京房山支行 110010412025098180018	密码区	03*3187<4/+8490<+95-59+7<243 4987<0—>>-6>525<693719->7*7 87*3187<4/+8490<+95708681380 9<712/<1+9016>6906++>84>93/-

货物或应税劳务、服务名称	规格型号	单位	数量	单价	金额	税率	税额
*家用厨房电器具*咖啡机	UI-016	台	80	860.00	68800.00	13%	8944.00
*家用厨房电器具*酸奶机	TL97	台	120	148.00	17760.00	13%	2308.80
合　　计					¥86560.00		¥11252.80
价税合计（大写）	⊗玖万柒仟捌佰壹拾贰元捌角整				（小写）¥97812.80		

销售方	名　　称：上海宝龙实业有限公司 纳税人识别号：913101096743221863 地 址、电 话：上海市静安区物华路300号 021-76838482 开户行及账号：交通银行上海静安支行 140200847982479819992	备注	

收款人：　　复核：　　开票人：林世梅　　销售方：（章）

第三联：发票联　购买方记账凭证

税总函【XXXX】XXX号 XXXXXX公司

图 3-85　增值税专用发票（记账联）

商业承兑汇票（卡片）　1

30101160

20983051

出票日期（大写）　贰零贰贰　年　零伍　月　零壹拾　日

付款人	全　称	天狗商贸有限公司	收款人	全　称	上海宝龙实业有限公司
	账　号	110010412025098180018		账　号	140200847982479819992
	开户银行	交通银行北京房山支行		开户银行	交通银行上海静安支行

出票金额	人民币（大写）	玖万柒仟捌佰壹拾贰元捌角整	亿	千	百	十	万	千	百	十	元	角	分
						¥	9	7	8	1	2	8	0

汇票到期日（大写）	贰零贰贰年零玖月零壹拾日	付款人开户行	行号	301001313912
交易合同号码	20220510		地址	北京市房山区文峰路104号

天狗商贸有限公司 财务专用章　段玉之印

出票人签章

备注：

此联承兑人留存

图 3-86　商业承兑汇票（卡片联）

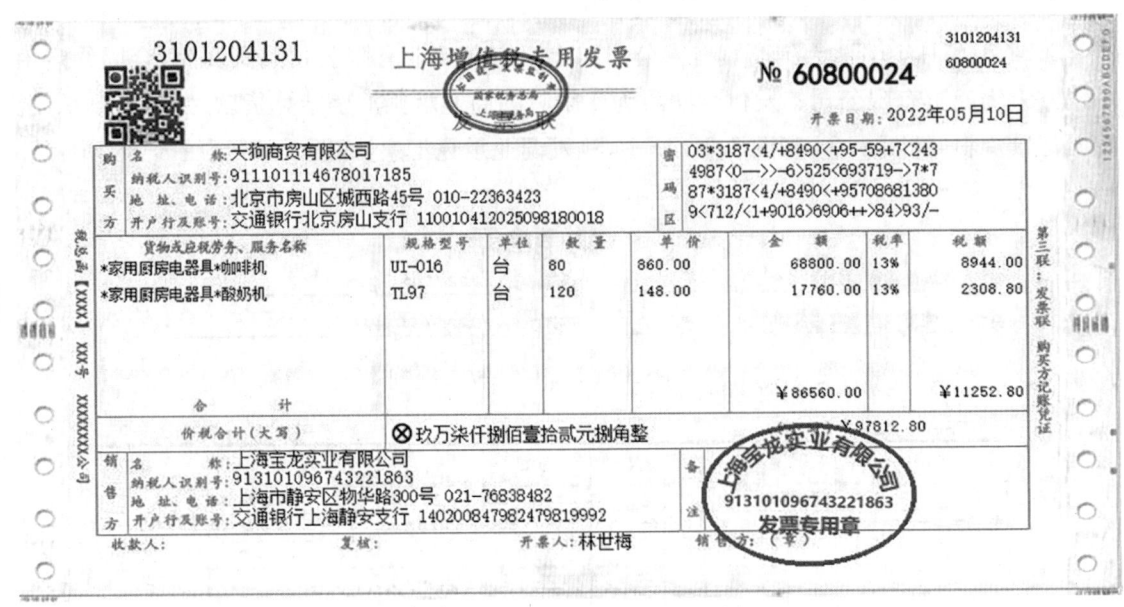

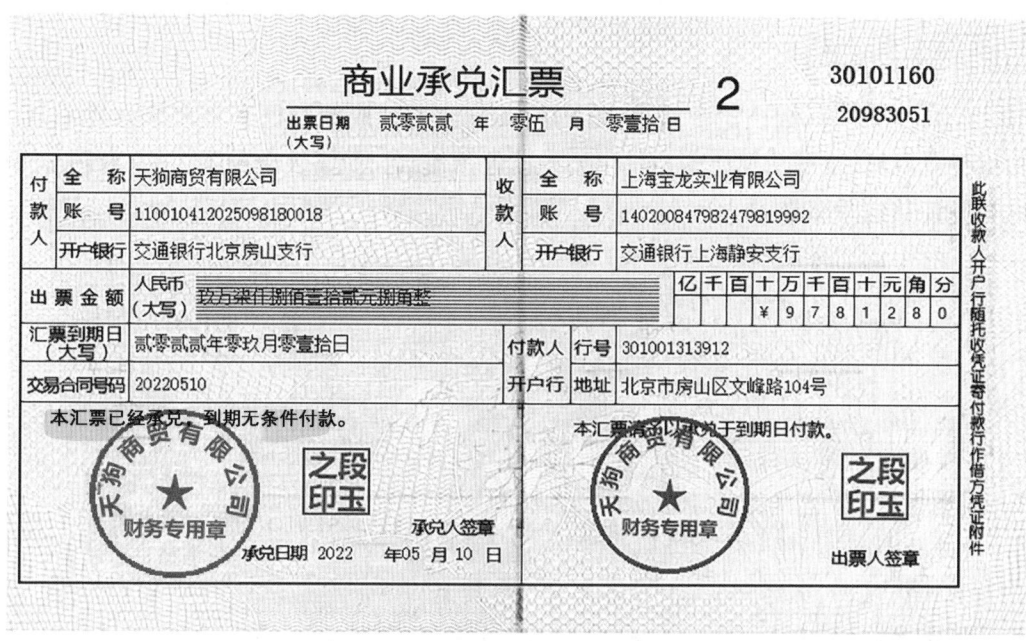

图 3-87　商业承兑汇票(正联)

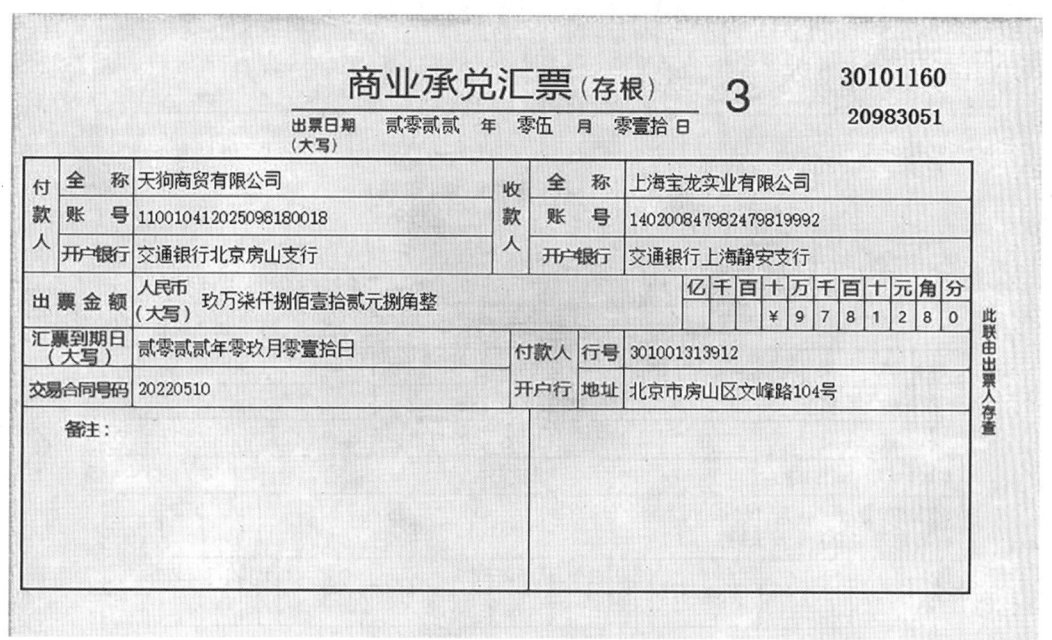

图 3-88　商业承兑汇票(存根联)

> **相关思考 3-8**

商业承兑汇票可以由付款人签发并承兑,也可以由收款人签发交由付款人承兑。银行承兑汇票应由在承兑银行开立存款账户的存款人签发。

实验业务训练

2022年3月1日,因公司资金紧张,出纳人员将未到期的银行承兑汇票办理贴现。要求:根据背景材料,填写贴现凭证并找相关人员审核盖章。所需表单如图3-89和图3-90所示,贴现凭证其他联次略。

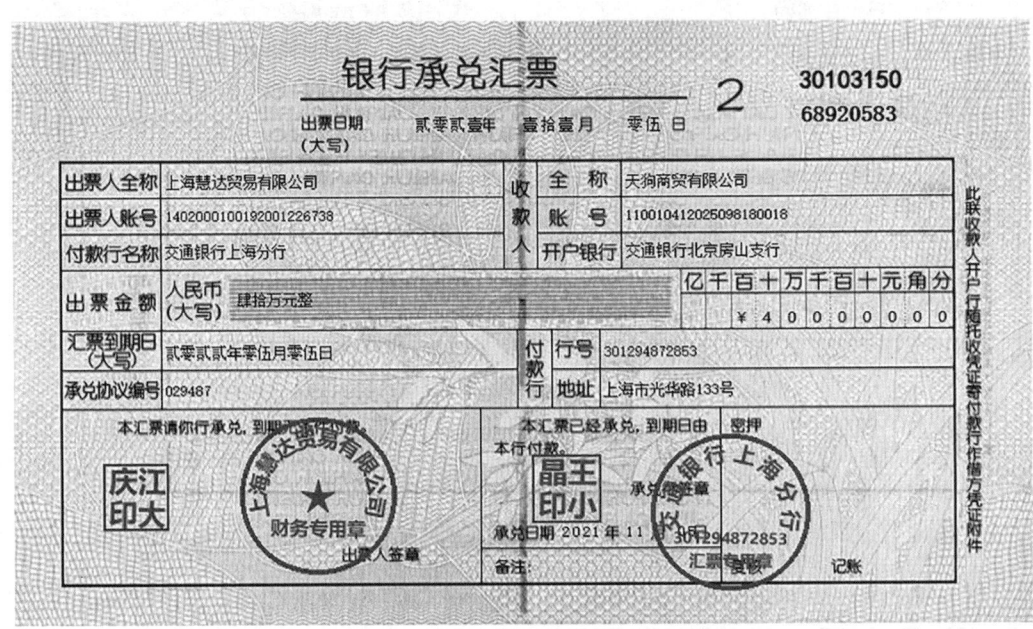

图3-89 银行承兑汇票(正联)

二维码3-7
参考答案:
收到银行汇票办理背书转让

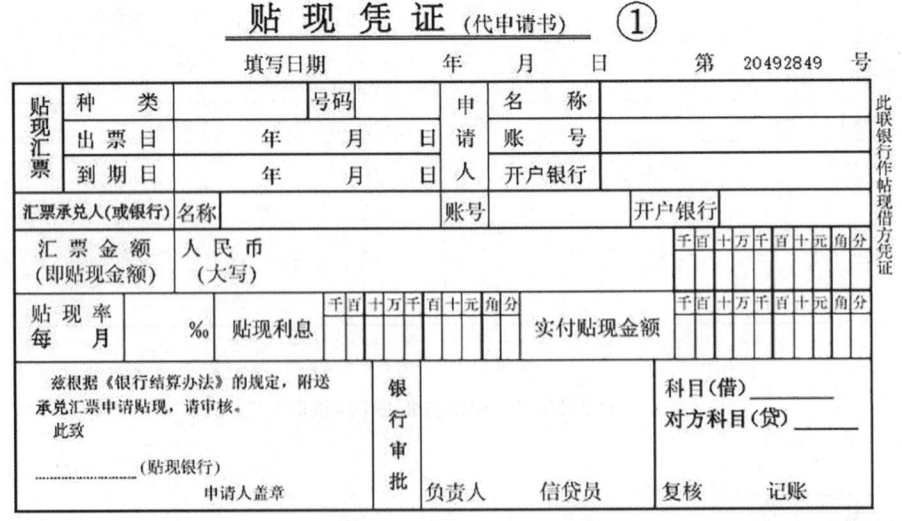

图3-90 贴现凭证(第一联)

延伸阅读3-2

电子商业汇票业务管理办法

（1）为规范电子商业汇票业务,保障电子商业汇票活动中当事人的合法权益,促进电子商业汇票业务发展,依据《中华人民共和国中国人民银行法》《中华人民共和国票据法》《中华人民共和国电子签名法》《中华人民共和国物权法》《票据管理实施办法》等有关法律法规,制定本办法。

（2）电子商业汇票是指出票人依托电子商业汇票系统,以数据电文形式制作的,委托付款人在指定日期无条件支付确定金额给收款人或者持票人的票据。电子商业汇票分为电子银行承兑汇票和电子商业承兑汇票。电子银行承兑汇票由银行业金融机构、财务公司（以下统称"金融机构"）承兑;电子商业承兑汇票由金融机构以外的法人或其他组织承兑。电子商业汇票的付款人为承兑人。

（3）电子商业汇票系统是经中国人民银行批准建立,依托网络和计算机技术,接收、存储、发送电子商业汇票数据电文,提供与电子商业汇票货币给付、资金清算行为相关服务的业务处理平台。

（4）电子商业汇票各当事人应本着诚实信用原则,按照本办法的规定作出票据行为。

（5）电子商业汇票的出票、承兑、背书、保证、提示付款和追索等业务,必须通过电子商业汇票系统办理。

（6）电子商业汇票为定日付款票据。电子商业汇票的付款期限自出票日起至到期日止,最长不得超过1年。

（7）票据当事人在电子商业汇票上的签章,为该当事人可靠的电子签名。电子签名所需的认证服务应由合法的电子认证服务提供者提供。可靠的电子签名必须符合《中华人民共和国电子签名法》第十三条第一款的规定。

（8）电子商业汇票业务活动中,票据当事人所使用的数据电文和电子签名应符合《中华人民共和国电子签名法》的有关规定。

（9）客户开展电子商业汇票活动时,其签章所依赖的电子签名制作数据和电子签名认证证书,应向接入机构指定的电子认证服务提供者的注册审批机构申请。接入机构为客户提供电子商业汇票业务服务或作为电子商业汇票当事人时,其签章所依赖的电子签名制作数据和电子签名认证证书,应向电子商业汇票系统运营者指定的电子认证服务提供者的注册审批机构申请。

（10）接入机构、电子商业汇票系统运营者指定的电子认证服务机构提供者,应对电子签名认证证书申请者的身份真实性负审核责任。电子认证服务提供者依据《中华人民共和国电子签名法》承担相应责任。

第五节 汇兑结算业务

实验目的

通过本节课的教学,学生能够了解汇兑的基本理论知识,熟悉汇兑结算的基本流程及相关规定,掌握并准确地填写电汇凭证及信汇凭证。

理论知识点

一、汇兑的概念和种类

汇兑是汇款人委托银行将其款项支付给收款人的结算方式。单位和个人的各种款项的结算,均可使用汇兑结算方式。汇兑分为信汇、电汇两种,由汇款人选择使用。信汇是指汇款人委托银行通过邮寄方式将款项支付给收款人,汇款可附带与汇款有关的少量单证,如向外地订购书刊的订购单、商品订购单以及向外地人员汇付工资时的工资发放表等。电汇是指汇款人委托银行通过电报方式将款项划给收款人,电汇汇款不允许附带单证。在计算机进入银行业务后,银行内部之间的资金清算是指通过中国人民银行的大额支付系统或者中转银行进入实时交易的一种汇款方式,可以跨行跨区进行汇兑,一般采用电汇方式,与信汇相比,电汇汇款的速度快,所支付的手续费高。

二、汇兑结算付款业务的办理

1. 填写汇款结算业务申请书

汇款人填写汇款结算业务申请书,如图3-91至图3-93所示。

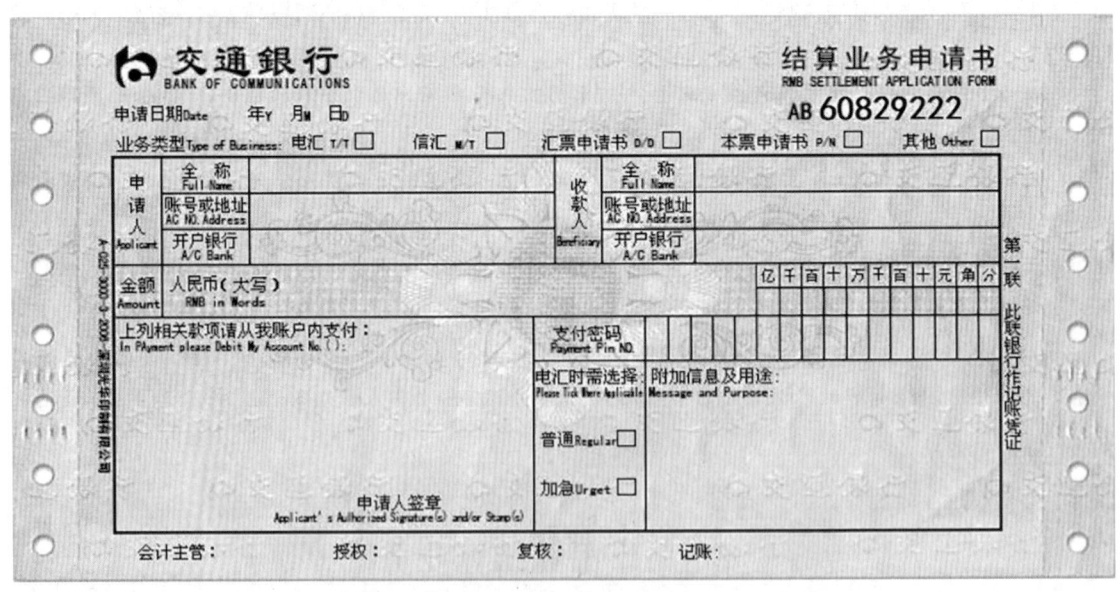

图3-91 汇款结算业务申请书(第一联)

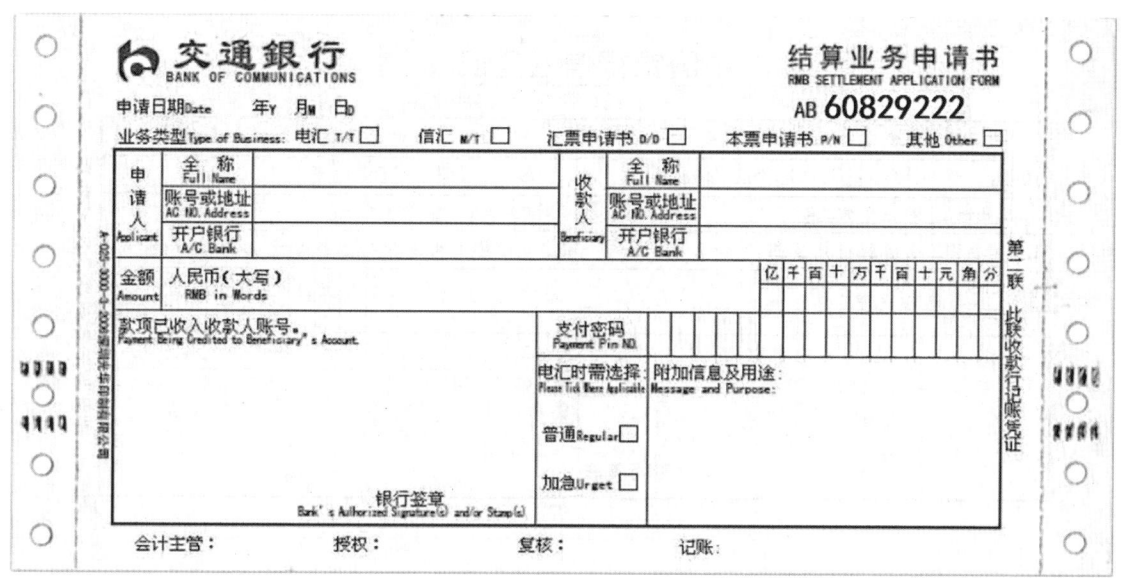

图 3-92 汇款结算业务申请书(第二联)

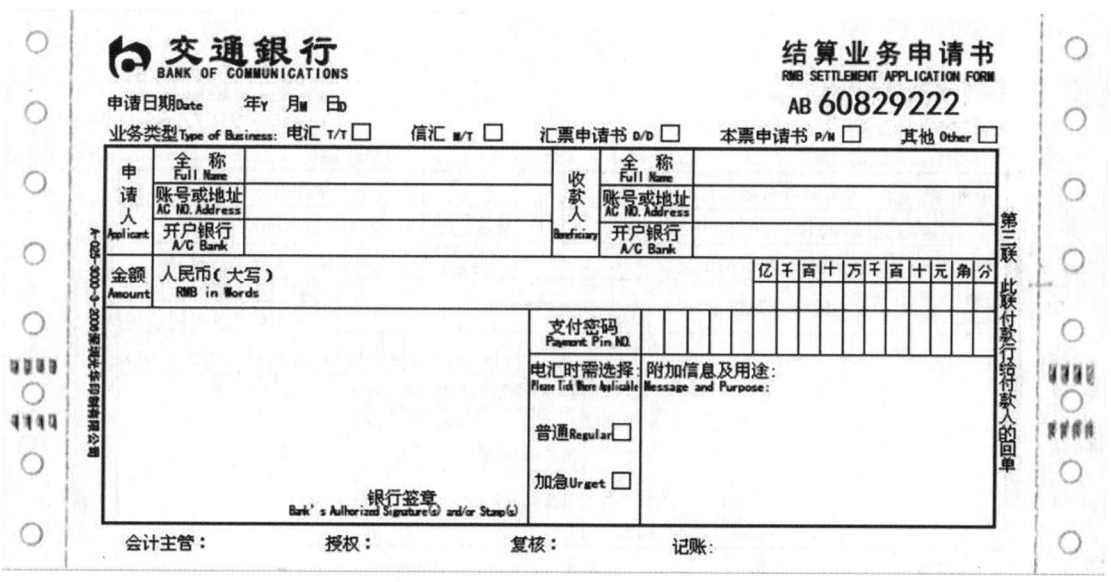

图 3-93 汇款结算业务申请书(第三联)

2. 银行受理汇款业务

汇出银行受理汇款人签发的汇兑凭证,经审查无误后,应及时向汇入银行办理汇款,并向汇款人签发汇款回单,如图 3-94 和图 3-95 所示。汇款回单只能作为汇出银行受理汇款的依据,不能作为该笔汇款已转入收款人账户的证明。办理完成后,取回汇兑业务回单。

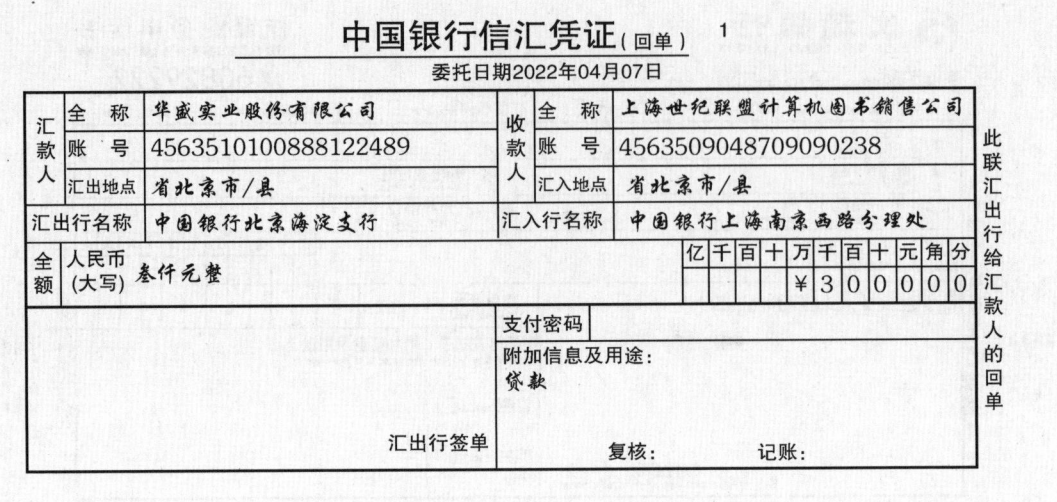

图 3-94 汇款回单（信汇）

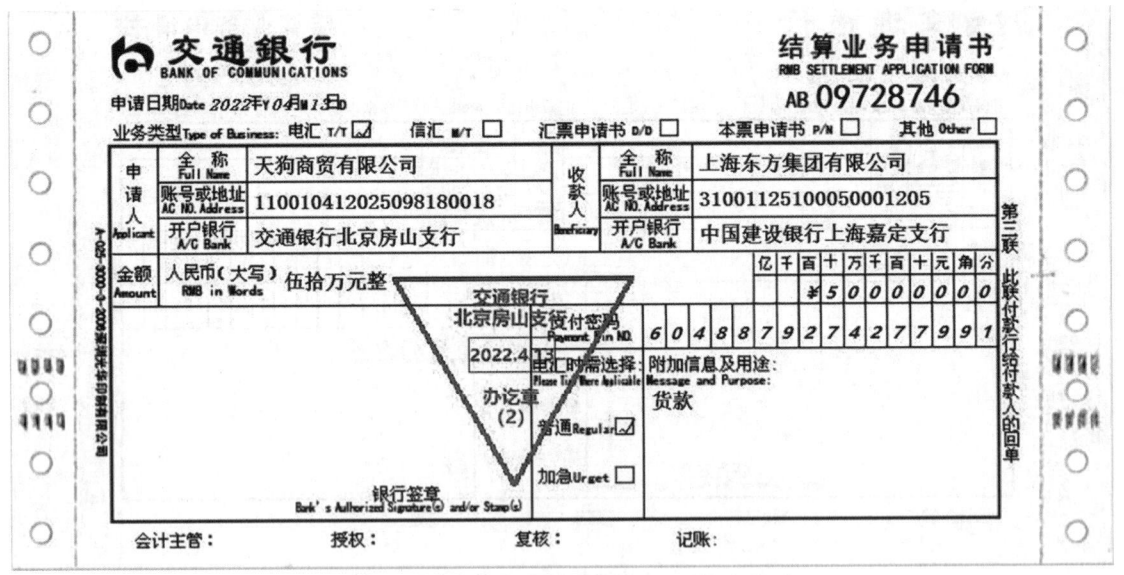

图 3-95 汇款回单（电汇）

三、汇兑结算收款业务的办理

（1）收款确认。汇入银行对开立存款账户的收款人，应将汇给其的款项直接转入收款人账户，并向其发出收账通知。收账通知如图 3-96 所示，是银行将款项确已收入收款人账户的凭据。

(2) 填制审核记账凭证。

(3) 登记银行存款日记账。

```
交通银行（北京房山支行）记账回执    QFAB 38172465

接受机构：3789042      回单编号：130982      回单类型：资金汇划      状    态：允许打印
业务名称：汇兑业务                          业务种类：03          业务编号：

付款人账号：140200847982479819992        付款人地址：
付款人名称：上海宝龙实业有限公司
报文编号：              发报行号：          发报行 交通银行
                                                  北京房山支行
收款人账号：11001041202509818 0018       收款人地址：2022.06.17
收款人名称：天狗商贸有限公司                       会计业务章
                                                    (02)
货币、金额：CNY200000.00
金额（大写）：贰拾万元整

附    言：
摘    要：
票据日期：20200617     票据号码：38238294
交易代码：30928        借贷标志：借方        复核柜员：2748342        销账编号：23857931
入账日期：20220617     会计流水：20498829891 记账柜员：2574536        记账机构：3789042
打印日期：20220617     打印机构：3829034     打印柜员：2855038        打印次数：1
                                                                      （银行盖章）

注：此记账回执加盖我行业务公章后方有效。
```

图 3-96 记账回执

实验内容及操作步骤

一、填写电汇凭证

【实验内容】

2022年12月6日，天狗商贸有限公司收到上海慧达贸易有限公司货物，购货余款以普通电汇方式结算，根据背景资料填制电汇凭证并到银行办理。（备注：支付密码器口令为123456；支付密码器选用"其他"）

【操作步骤】

1. 审核付款资料

根据付款申请书，如图3-97所示，核对收款人信息、付款金额、付款用途、结算方式及审核环节是否完整。

付款申请书

2022年 12月 06日

用途及情况	金额										收款单位(人): 上海慧达贸易有限公司
支付给上海慧达贸易公司余款	亿	千	百	十	万	千	百	十	元	角	分	账号: 1402000100192001226738
				¥	4	8	1	0	0	0	0	开户行: 交通银行上海分行
金额(大写)合计	人民币 肆万捌仟壹佰元整										结算方式: 电汇
总经理	段玉	财务部门	经理	乔凤	业务部门	经理	丁春秋
			会计	萧远山		经办人	吕秋水

图 3-97 付款申请书

2. 填写电汇结算业务申请书

填写电汇结算业务申请书,如图 3-98 所示。

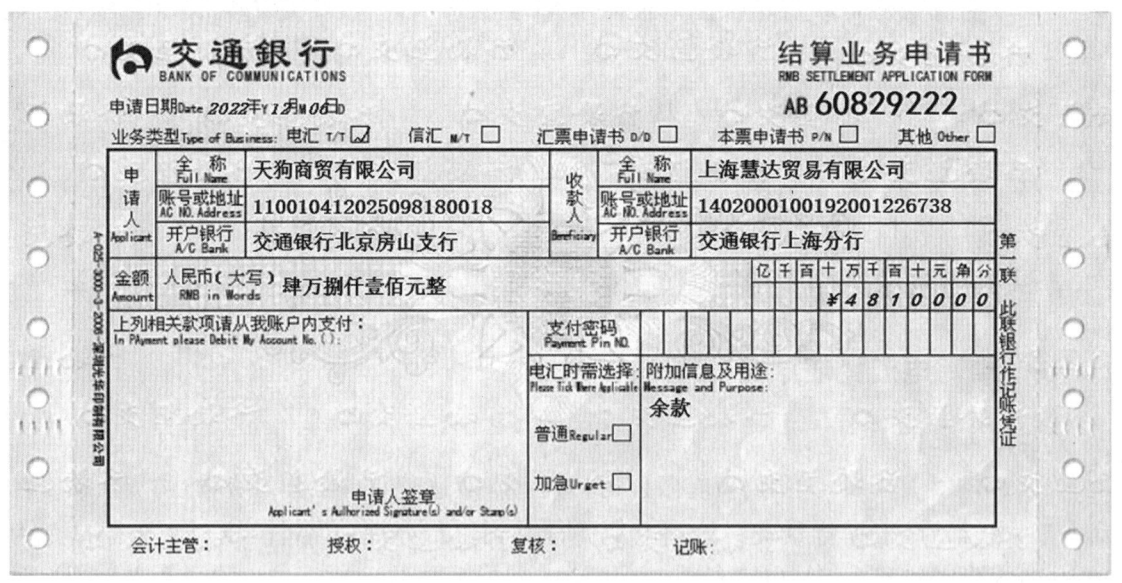

图 3-98 结算业务申请书

电汇结算业务申请书填写要求如下:

(1)申请日期:填写填制当天的日期。日期使用阿拉伯数字即可。

(2)业务类型:勾选电汇。

(3)收款人名称、账号、开户银行:对方收款单位名称或个人姓名、银行账号及开户银行名称。

(4) 申请人名称、账号、开户银行：本单位名称、银行账号及开户银行名称。

(5) 人民币（大写）：人民币金额用中文大写数字书写。

(6) 附加信息及用途：填写所付款项的用途，如货款、劳务费等。

3. 生成密码并填入

点击支付密码器生成支付密码，如图3-99至图3-105所示，并将密码填写到结算业务申请书上。（备注：支付密码器签发人口令为123456；支付密码器选用"其他"）

图3-99　选择签发凭证　　　图3-100　选择签发人账号　　　图3-101　选择业务种类

 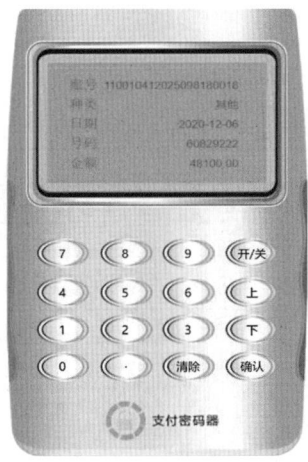 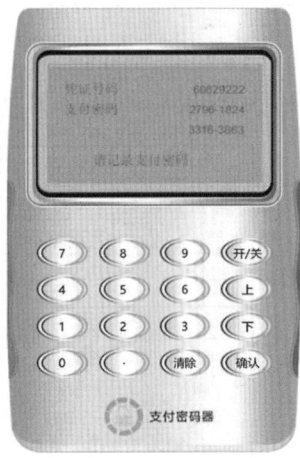

图3-102　输入凭证数据　　　图3-103　核对信息　　　图3-104　生成密码

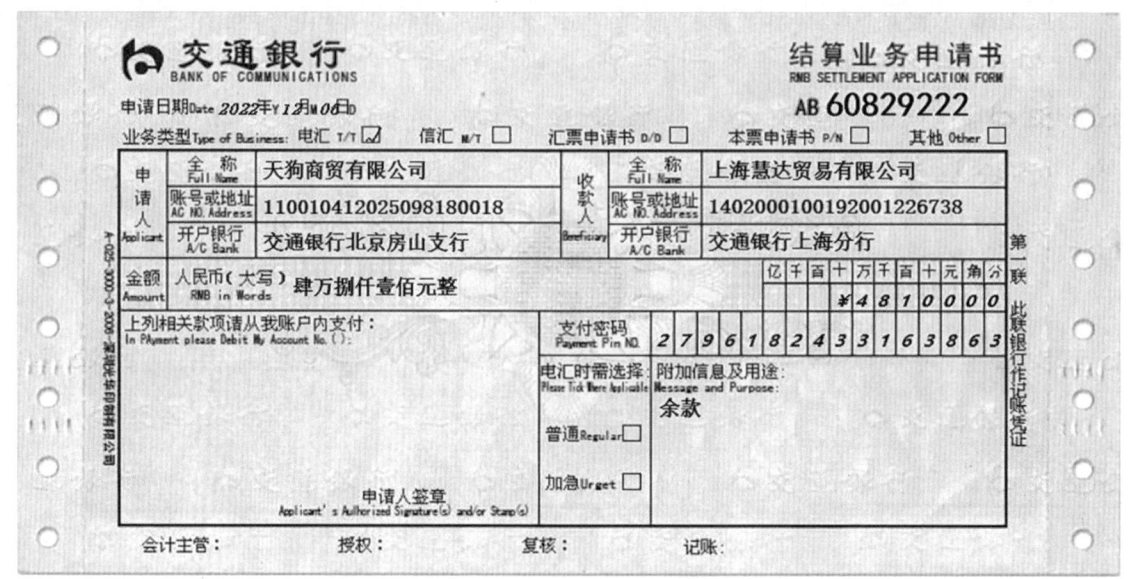

图 3-105　结算业务申请书

4. 审批盖章

申请人签章应根据银行预留印鉴，在结算业务申请书第一联（图 3-106），正面申请人签章处加盖财务专用章和法人章，缺一不可，印泥为红色，印章必须清晰；第二联和第三联为银行签章，无需申请人签章，如图 3-107 和图 3-108 所示。

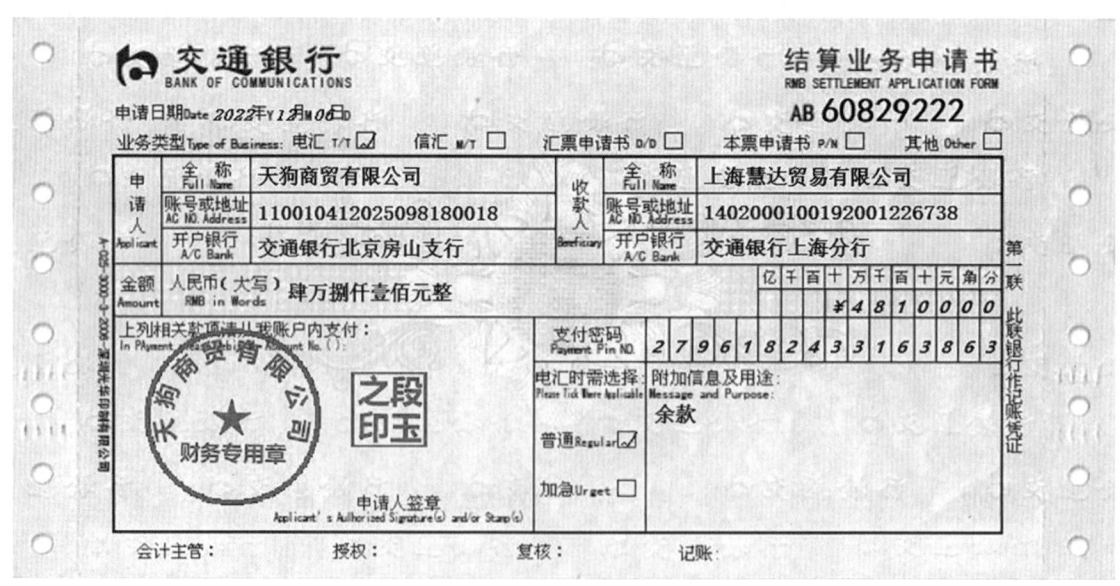

图 3-106　结算业务申请书（第一联）

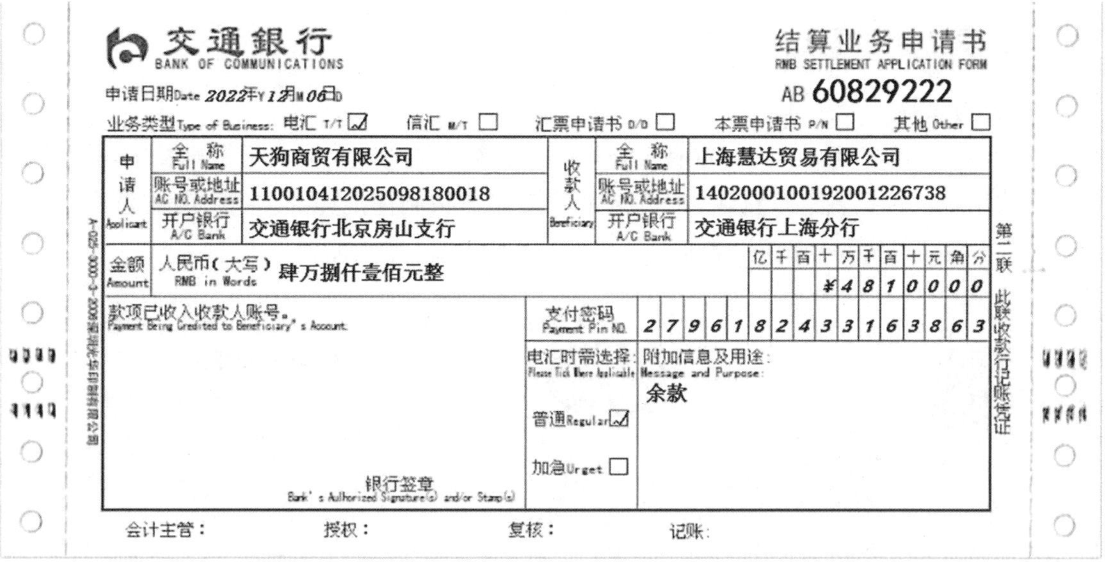

交通银行 BANK OF COMMUNICATIONS

结算业务申请书 RMB SETTLEMENT APPLICATION FORM

AB 60829222

申请日期Date 2022年Y 12月M 06日D

业务类型Type of Business: 电汇 T/T ☑ 信汇 M/T ☐ 汇票申请书 D/D ☐ 本票申请书 P/N ☐ 其他 Other ☐

申请人 Applicant	全称 Full Name	天狗商贸有限公司	收款人 Beneficiary	全称 Full Name	上海慧达贸易有限公司
	账号或地址 AC NO. Address	110010412025098180018		账号或地址 AC NO. Address	1402000100192001226738
	开户银行 A/C Bank	交通银行北京房山支行		开户银行 A/C Bank	交通银行上海分行

金额 Amount 人民币（大写）RMB in Words 肆万捌仟壹佰元整 ¥4810000

款项已收入收款人账号。Payment Being Credited to Beneficiary's Account.

支付密码 Payment Pin NO. 2796182433163863

电汇时需选择 Please Tick Where Applicable: 普通Regular ☑ 加急Urget ☐

附加信息及用途 Message and Purpose: 余款

银行签章 Bank's Authorized Signature(s) and/or Stamp(s)

会计主管： 授权： 复核： 记账：

第二联 此联收款行记账凭证

图 3-107 结算业务申请书（第二联）

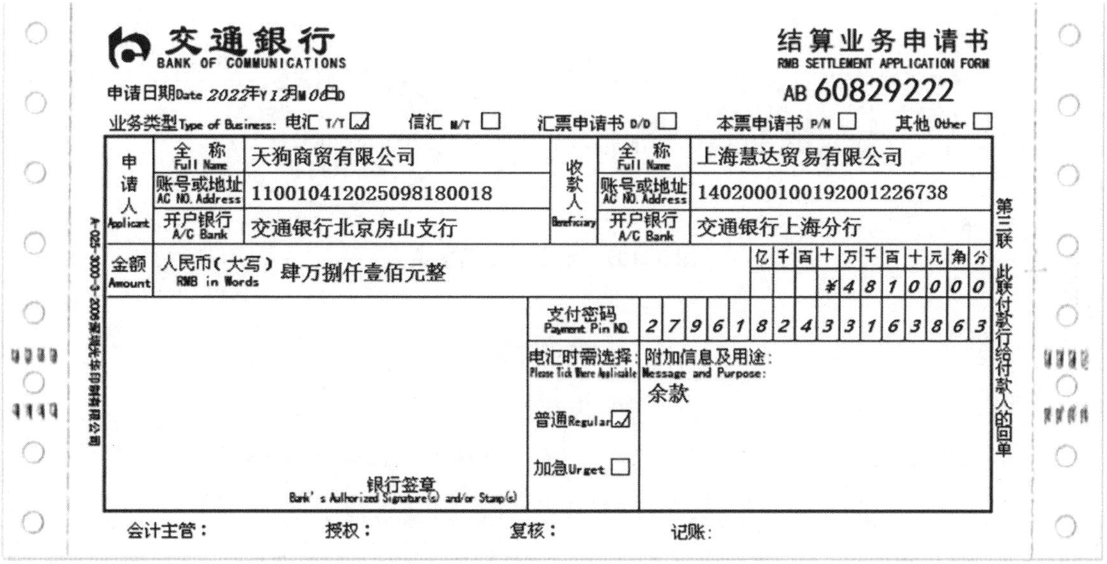

交通银行 BANK OF COMMUNICATIONS

结算业务申请书 RMB SETTLEMENT APPLICATION FORM

AB 60829222

申请日期Date 2022年Y 12月M 06日D

业务类型Type of Business: 电汇 T/T ☑ 信汇 M/T ☐ 汇票申请书 D/D ☐ 本票申请书 P/N ☐ 其他 Other ☐

申请人 Applicant	全称 Full Name	天狗商贸有限公司	收款人 Beneficiary	全称 Full Name	上海慧达贸易有限公司
	账号或地址 AC NO. Address	110010412025098180018		账号或地址 AC NO. Address	1402000100192001226738
	开户银行 A/C Bank	交通银行北京房山支行		开户银行 A/C Bank	交通银行上海分行

金额 Amount 人民币（大写）RMB in Words 肆万捌仟壹佰元整 ¥4810000

支付密码 Payment Pin NO. 2796182433163863

电汇时需选择 Please Tick Where Applicable: 普通Regular ☑ 加急Urget ☐

附加信息及用途 Message and Purpose: 余款

银行签章 Bank's Authorized Signature(s) and/or Stamp(s)

会计主管： 授权： 复核： 记账：

第三联 此联付款行给付款人的回单

图 3-108 结算业务申请书（第三联）

相关思考 3-9

汇款人办理电汇时应填写电汇凭证一式三联，送交开户银行办理电汇。银行受理后，将回单联退给汇款人记账，留下第一联支款凭证用于银行记账，依据第二联编制电划代收报单向收款银行拍发电报。收款银行收到电报后，签发电划代收补充报单一式三联，将第三联传给收款人。

电汇单如果填错了，可以直接撕毁丢弃，然后重新填写一份即可。一般情况下，电汇单只能填写电汇当天的日期，如果出纳人员将日期提前写好，很多银行将不会受理。

二、填制信汇凭证

【实验内容】

2022年10月19日,天狗商贸有限公司收到成都顺溜实业有限公司销售发票,采购款以信汇方式结算。根据背景资料(图3-109和图3-110)填制信汇凭证。(备注:支付密码器口令为123456;支付密码器选用"其他")

图3-109　增值税专用发票

图3-110　付款申请书

【操作步骤】

1. 审核采购发票资料

根据发票,核对收款人信息、付款金额等。

2. 审核付款资料

根据付款申请书,核对收款人信息、付款金额、付款用途、结算方式及审核环节是否完整。

3. 填写信汇结算业务申请书

信汇结算业务申请书填写要求如下:

(1) 申请日期:填写填制当天的日期。日期使用阿拉伯数字即可。

(2) 业务类型:勾选信汇。

(3) 收款人名称、账号、开户银行:对方收款单位名称或个人姓名、银行账号及开户银行名称。

(4) 申请人名称、账号、开户银行:本单位名称、银行账号及开户银行名称。

(5) 人民币(大写):人民币金额用中文大写数字书写。

(6) 附加信息及用途:填写所付款项的用途,如货款、劳务费等。

4. 生成密码并填入

点击支付密码器生成支付密码,并将密码填写到结算业务申请书上。

5. 审批盖章

申请人签章应根据预留印鉴卡所示,在结算业务申请书第一联正面申请人签章处加盖财务专用章和法人章,缺一不可,印泥为红色,印章必须清晰。

信汇凭证填写好并盖章后,如图 3-111 所示。

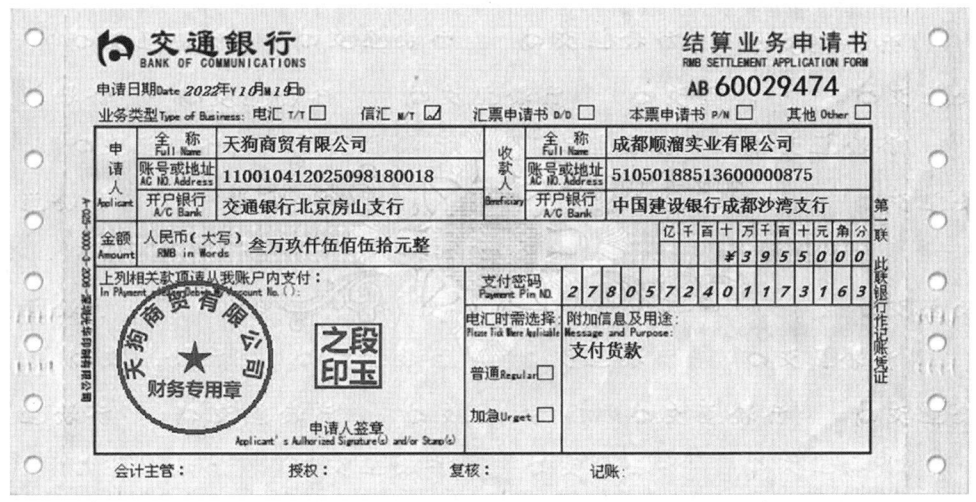

图 3-111　结算业务申请书(第一联)

实验业务训练

2022 年 5 月 10 日,天狗商贸有限公司收到成都顺溜实业有限公司发出的商品及发票,货款以普通电汇方式结算。(备注:支付密码器口令为 123456;支付密码器选用"其他")

要求:根据背景资料填制电汇凭证找领导审核盖章。原始单据如图 3-112 至图 3-114 所示,所需表单如图 3-115 至图 3-117 所示。

付款申请书

2022 年 05 月 10 日

用途及情况	金额											收款单位(人)：成都顺溜实业有限公司
预付货款	亿	千	百	十	万	千	百	十	元	角	分	账　号：51050188513600000875
			￥	1	0	8	4	8	0	0	0	开户行：中国建设银行成都沙湾支行
金额（大写）合计：	人民币 壹拾万捌仟肆佰捌拾元整											结算方式：电汇
总经理 杨玉	财务部门				经理 乔凤				业务部门			经理 丁春秋
					会计 萧远山							经办人 吕秋水

图 3-112　付款申请书

购销合同

购方：天狗商贸有限公司　　　　　　合同编号：20220508
销方：成都顺溜实业有限公司　　　　签订时间：2022年05月08日

供需双方本着互利互惠、长期合作的原则，根据《中华人民共和国民法典》合同编及双方的实际情况，就需方向供方采购事宜，订立本合同，以使双方在合同履行中共同遵守。

一、产品名称、数量、单价、金额

产品名称	规格型号	计量单位	数量	单价	金额	备注
戴尔笔记本电脑	14寸	台	30	3616.00	108480.00	含税价
合计					￥108480.00	

合计人民币（大写）：**壹拾万捌仟肆佰捌拾元整**

二、质量要求技术标准：供方对质量负责的条件和期限：按合同企业标准。

三、交（提）货地点、方式：**供货方送货到需货方的仓库。**

四、付款时间与付款方式：
2022年05月10日支付货款，采用电汇的结算方式支付。

五、运输方式及到站、港和费用负担：**供货方**

六、合理损耗及计算方法：以实际数量验收。

七、包装标准、包装物的供应与回收：普通包装，不回收包装物。

八、验收标准、方法及提出异议期限：货到需方 7 天内提出质量异议，不包括运输过程中造成的质量问题。

九、违约责任：按《民法典》合同编。

十、解决合同纠纷的方式：双方协商解决。

十一、其他约定事项：本合同一式两份，需、供双方各一份，经双方盖章后即生效。

购方（盖章）：天狗商贸有限公司	销方（盖章）：成都顺溜实业有限公司
单位地址：北京市房山区城南路45号	单位地址：四川省成都市成华区双林中横路12号
电　话：010-22363423	电　话：028-87832191
签订日期：2022年05月08日	签订日期：2022年05月08日
开户银行：交通银行北京房山支行	开户银行：中国建设银行成都沙湾支行
账　号：110010412025098180018	账　号：51050188513600000875

图 3-113　购销合同

图 3-114　增值税专用发票

图 3-115　结算业务申请书（第一联）

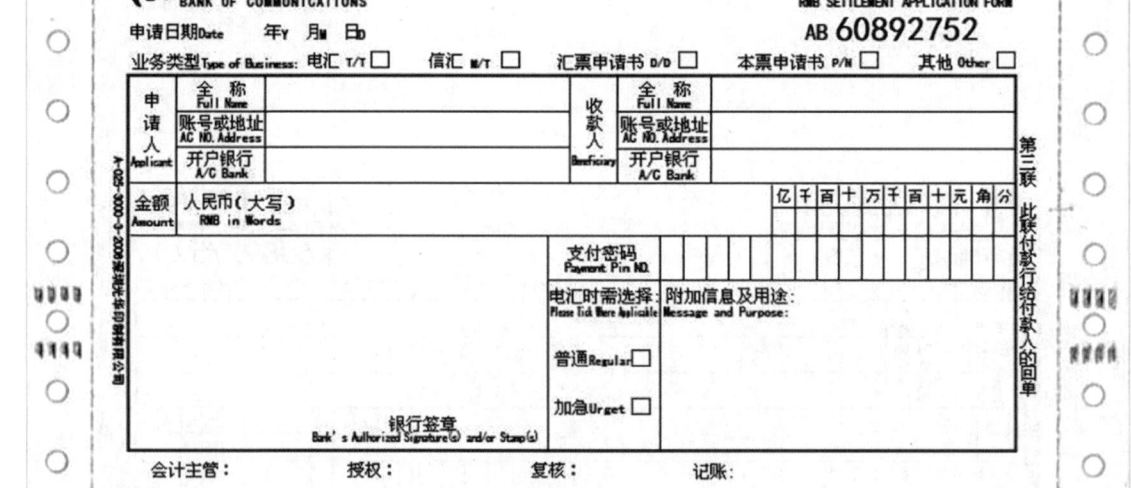

图 3-116　结算业务申请书(第二联)

二维码 3-8
参考答案：
填制电汇凭
证支付货款

图 3-117　结算业务申请书(第三联)

延伸阅读 3-3

汇兑业务的撤销及退汇

汇款人对汇出银行尚未汇出的款项可以申请撤销。申请撤销时，汇款人应出具正式函件或本人身份证件及原信、电汇回单。汇出银行查明确未汇出款项的，收回原信、电汇回单，方可办理撤销。

汇款人对汇出银行已经汇出的款项可以申请退汇。对在汇入银行开立存款账户的收款人，由汇款人与收款人自行联系退汇;对未在汇入银行开立存款账户的收款人,汇款人应出具正式函件或本人身份证件以及原信、电汇回单,由汇出银行通知汇入银行,经汇入银行核实汇款确未支付,并将款项汇回汇出银行,方可办理退汇。

汇入银行对于收款人拒绝接受的汇款,应立即办理退汇。汇入银行对于向收款人发出取款通知,经过2个月无法交付的汇款,应主动办理退汇。

第六节 托收承付结算业务

 实验目的

通过本节课的教学,学生能够了解托收承付结算的基本理论知识,熟悉托收承付结算的基本流程及相关规定,了解托收承付凭证签发及拒绝付款理由书的填制。

 理论知识点

1. 托收承付结算的概念

托收承付是根据购销合同由收款人发货后委托银行向异地付款人收取款项,由付款人向银行承认付款的结算方式。办理托收承付结算通常有两项任务:一是办理托收;二是办理承付。托收是指收款人按照签订的购销合同发货后,委托银行办理托收。汇兑是汇款人委托银行将其款项支付给收款人的结算方式。承付是指付款人开户银行收到托收凭证及其附件后,应当及时通知付款人。

2. 办理托收承付结算的条件

(1) 办理托收承付结算的款项,必须是商品交易,以及因商品交易而产生的劳务供应的款项。代销、寄销、赊销商品的款项,不得办理托收承付结算。

(2) 收付双方使用托收承付结算必须签有符合《中华人民共和国民法典》合同编的购销合同,并在合同上写明使用托收承付结算方式。

(3) 收付双方办理托收承付结算,必须重合同、守信用。收款人对同一付款人发货托收累计3次收不回货款的,收款人开户银行应暂停收款人向该付款人办理托收;付款人累计3次提出无理拒付的,付款人开户银行应暂停其向外办理托收。

(4) 收款人办理托收,必须具有商品确已发运的证件(包括铁路、航运、公路等运输部门签发运单、运单副本和邮局包裹回执)。

3. 托收承付结算的基本规定

(1) 使用托收承付结算方式的收款单位和付款单位,必须是国有企业、供销合作社以及经营管理较好,并经开户银行审查同意的城乡集体所有制工业企业。

(2) 托收承付结算每笔的金额起点为1万元。新华书店系统托收承付结算每笔的金额起点为1千元。

4. 托收承付结算收款业务的办理

托收承付结算款项的划回方法分邮寄和电报两种。托收承付结算凭证与委托收款凭证一样，同为一式五联，如图 3-118 至图 3-122 所示。第一联是收款人开户银行给收款人的回单，第二联是收款人开户银行作贷方凭证，第三联是付款人开户银行作借方凭证，第四联是付款人开户行凭以汇款或收款人开户行作收账通知，第五联是付款人开户银行给付款人按期付款通知。

托收凭证（受理回单） 1

委托日期　年　月　日

业务类型	委托收款（□邮划、□电划）　托收承付（□邮划、□电划）				
付款人	全称		收款人	全称	
	账号			账号	
	地址	省　市/县　开户行		地址	省　市/县　开户行
金额	人民币（大写）				亿 千 百 十 万 千 百 十 元 角 分
款项内容		托收凭据名称		附寄单证张数	
商品发运情况			合同名称号码		
备注： 复核　记账		年　月　日	收款人开户银行签章 年　月　日		

此联作收款人开户银行给收款人的受理回单

(2005) 10×17.5公分　15 角直印制　0512-65011866

图 3-118　托收凭证（受理回单）

托收凭证（贷方凭证） 2

委托日期　年　月　日

业务类型	委托收款（□邮划、□电划）　托收承付（□邮划、□电划）				
付款人	全称		收款人	全称	
	账号			账号	
	地址	省　市/县　开户行		地址	省　市/县　开户行
金额	人民币（大写）				亿 千 百 十 万 千 百 十 元 角 分
款项内容		托收凭据名称		附寄单证张数	
商品发运情况			合同名称号码		
备注： 收款人开户银行收到日期： 年　月　日		上列款项随附有关债务证明，请予办理。 收款人签章	复核：　记账：		

此联收款人开户银行作贷方凭证

(2005) 10×17.5公分　15 角直印制　0512-65011866

图 3-119　托收凭证（贷方凭证）

托收凭证（借方凭证） 3

委托日期　　年　　月　　日　　付款期限　　年　　月　　日

业务类型	委托收款（□邮划、□电划）		托收承付（□邮划、□电划）		
付款人	全称		收款人	全称	
	账号			账号	
	地址	省　市县　开户行		地址	省　市县　开户行
金额	人民币（大写）			亿 千 百 十 万 千 百 十 元 角 分	
款项内容		托收凭据名称		附寄单证张数	
商品发运情况			合同名称号码		
备注： 付款人开户银行收到日期： 年　月　日		收款人开户银行签章 年　月　日		复核：　记账：	

(2005) 10×17.5公分　15 角直印刷　0152-65011866

此联付款人开户银行作借方凭证

图 3-120　托收凭证(借方凭证)

托收凭证（汇款依据或收账通知） 4

委托日期　　年　　月　　日　　付款期限　　年　　月　　日

业务类型	委托收款（□邮划、□电划）		托收承付（□邮划、□电划）		
付款人	全称		收款人	全称	
	账号			账号	
	地址	省　市县　开户行		地址	省　市县　开户行
金额	人民币（大写）			亿 千 百 十 万 千 百 十 元 角 分	
款项内容		托收凭据名称		附寄单证张数	
商品发运情况			合同名称号码		
备注： 复核　记账		上列款项已划回收入你方账户内。 收款人开户银行签章 年　月　日			

(2005) 10×17.5公分　15 角直印刷　0152-65011866

此联付款人开户行凭以汇款或收款人开户银行作收账通知

图 3-121　托收凭证(汇款依据或收账通知)

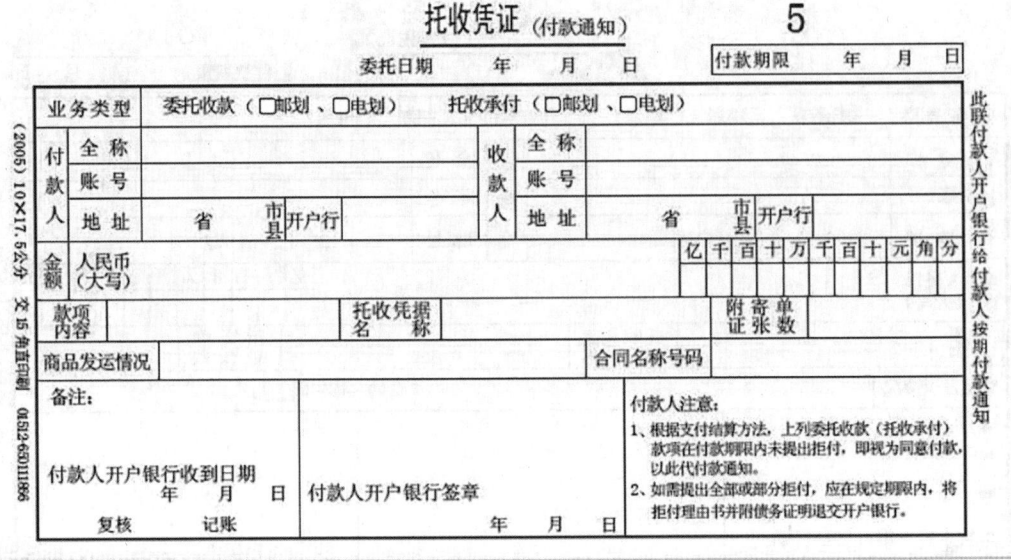

图 3-122　托收凭证(付款通知)

在实务工作中,使用托收承付进行结算时,最基本的流程如图 3-123 所示。

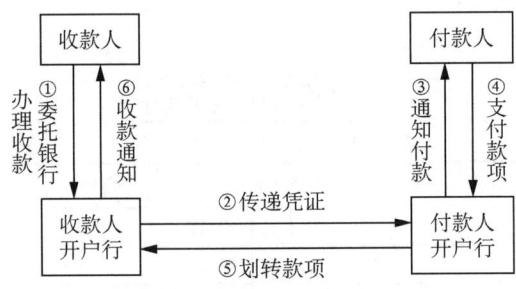

图 3-123　托收承付结算流程

5. 拒绝付款

对下列情况,付款人在承付期内,可向银行提出全部或部分拒绝付款:

(1) 没有签订购销合同或购销合同未订明托收承付结算方式的款项。

(2) 未经双方事先达成协议,收款人提前交货或因逾期交货付款人不再需要该项货物的款项。

(3) 未按合同规定的到货地址发货的款项。

(4) 代销、寄销、赊销商品的款项。

(5) 验单付款,发现所列货物的品种、规格、数量、价格与合同规定不符,或货物已到,经查验货物与合同规定或发货清单不符的款项。

(6) 验货付款,经查验货物与合同规定或与发货清单不符的款项。

(7) 货款已经支付或计算有错误的款项。

银行同意部分或全部拒绝付款的,应在拒绝付款理由书上签注意见,如图 3-124 至图 3-127 所示,部分拒绝付款,除办理部分付款,应将拒绝付款理由书连同拒付证明和拒付商品清单邮寄收款人开户银行转交收款人。全部拒绝付款,应将拒绝付款理由书连同拒付证明和有关单证邮寄收款人开户银行转交收款人。

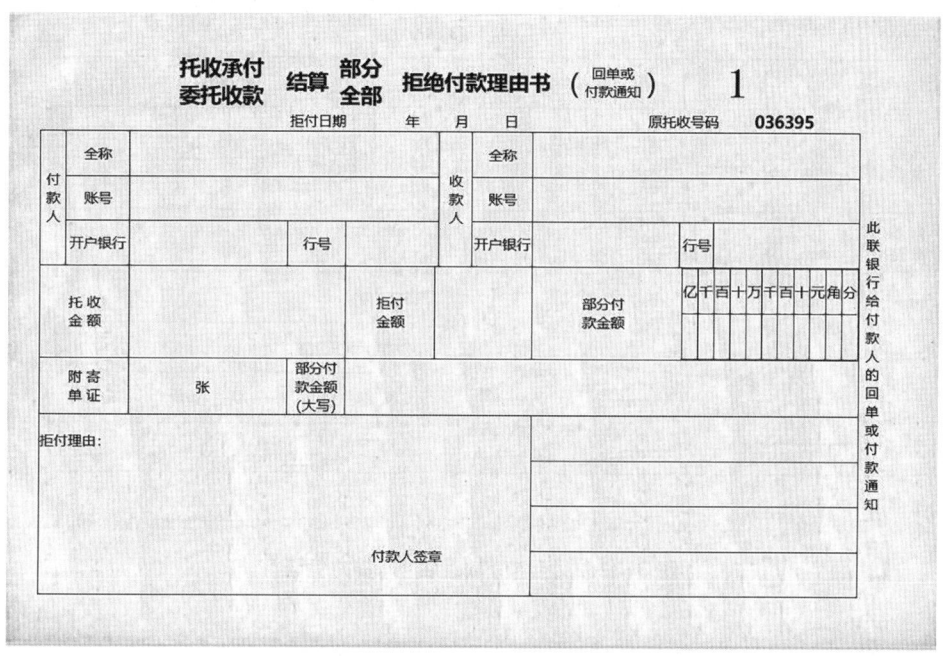

图 3-124　拒绝付款理由书(回单或付款通知)

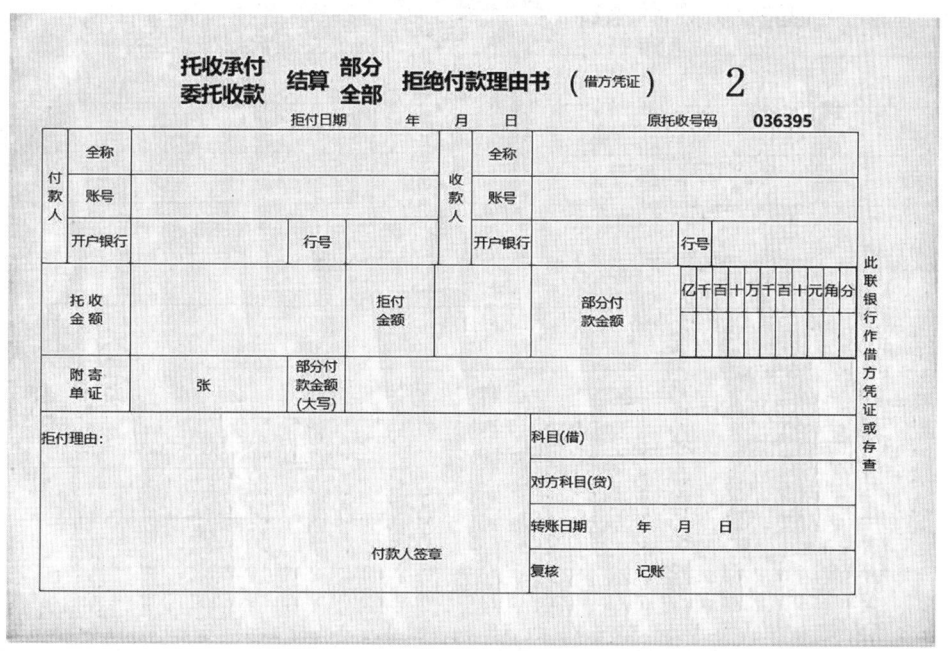

图 3-125　拒绝付款理由书(借方凭证)

托收承付 / 委托收款 结算 部分 / 全部 拒绝付款理由书 （贷方凭证） 3

拒付日期　　年　　月　　日　　　　原托收号码　036395

付款人	全称			收款人	全称		
	账号				账号		
	开户银行	行号			开户银行	行号	
托收金额		拒付金额		部分付款金额		亿千百十万千百十元角分	
附寄单证	张	部分付款金额（大写）					

拒付理由：	
	科目(借)
	对方科目(贷)
	转账日期　年　月　日
付款人签章	复核　　记账

此联银行作贷方凭证或存查

图 3-126　拒绝付款理由书(贷方凭证)

托收承付 / 委托收款 结算 部分 / 全部 拒绝付款理由书 （代通知或收账通知） 4

拒付日期　　年　　月　　日　　　　原托收号码　036395

付款人	全称			收款人	全称		
	账号				账号		
	开户银行	行号			开户银行	行号	
托收金额		拒付金额		部分付款金额		亿千百十万千百十元角分	
附寄单证	张	部分付款金额（大写）					

拒付理由：	
付款人签章	

此联银行给收款人作收账通知或全部拒绝通知书

图 3-127　拒绝付款理由书(代通知或收账通知)

实验内容及操作步骤

【实验内容】

2022年6月11日,天狗商贸有限公司(国企)向上海东方集团有限公司(国企)销售产品一批,货已发出,连同运费办理托收承付结算手续,合同规定采用验货付款,请根据背景资料,如图3-128至图3-131所示,填制托收凭证,并到银行办理。(备注:邮划,合同编号为246800,不考虑银行签章)

图3-128 增值税专用发票(抵扣联)

图3-129 增值税专用发票(发票联)

图 3-130　增值税专用发票(抵扣联)

图 3-131　增值税专用发票(发票联)

【操作步骤】

1. 填写托收凭证

根据销售发票填写一式五联托收凭证,在第二联收款人签章处加盖银行预留印鉴,如图 3-132 至图 3-136 所示。

托收凭证（受理回单） 1

委托日期 2022 年 06 月 11 日

业务类型	委托收款（□邮划、□电划）		托收承付（☑邮划、□电划）		
付款人	全称	上海东方集团有限公司	收款人	全称	天狗商贸有限公司
	账号	34001125100050001205		账号	11001041202509818 0018
	地址	省 上海 市县 开户行 中国建设银行上海嘉定支行		地址	省 北京 市县 开户行 交通银行北京房山支行
金额	人民币（大写） 贰拾叁万捌仟捌佰元整				亿千百十万千百十元角分 ¥ 2 3 8 8 0 0 0 0
款项内容	货款	托收凭据名称	增值税专用发票	附寄单证张数	4
商品发运情况	已发		合同名称号码	246800	
备注：					
复核 记账			年 月 日	收款人开户银行签章 年 月 日	

此联作收款人开户银行给收款人的受理回单

图 3-132 托收凭证（受理回单）

托收凭证（贷方凭证） 2

委托日期 2022 年 06 月 11 日

业务类型	委托收款（□邮划、□电划）		托收承付（☑邮划、□电划）		
付款人	全称	上海东方集团有限公司	收款人	全称	天狗商贸有限公司
	账号	34001125100050001205		账号	11001041202509818 0018
	地址	省 上海 市县 开户行 中国建设银行上海嘉定支行		地址	省 北京 市县 开户行 交通银行北京房山支行
金额	人民币（大写） 贰拾叁万捌仟捌佰元整				亿千百十万千百十元角分 ¥ 2 3 8 8 0 0 0 0
款项内容	货款	托收凭据名称	增值税专用发票	附寄单证张数	4
商品发运情况	已发		合同名称号码	246800	
备注：					
收款人开户银行收到日期： 年 月 日			收款人签章	复核： 记账：	

此联收款人开户银行作贷方凭证

图 3-133 托收凭证（贷方凭证）

图 3-134　托收凭证(借方凭证)

图 3-135　托收凭证(汇款依据或收账通知)

2. 到开户银行办理委托收款

将填写好的一式五联托收凭证连同增值税专用发票一并交给开户银行柜员。银行柜员审核无误后,在托收凭证第一联上盖章,作为业务受理回单退回单位。收款人开户银行将托收凭证第二联留存作为业务受理凭证,托收凭证第三联、第四联、第五联连同增值税专用发票一起传递给付款人开户银行办理收款。

图 3-136 托收凭证(付款通知)

3. 填制拒绝付款理由书

2022 年 6 月 15 日，上海东方集团有限公司收到银行的托收付款通知，如图 3-137 所示，因对方运费计算有误前来办理部分拒付，支付 237 300.00 元，拒付运费 1 500.00 元。根据上述资料填写拒绝付款理由书，如图 3-138 至图 3-141 所示。

图 3-137 托收凭证(付款通知)

图 3-138 拒绝付款理由书（回单或付款通知）

托收承付 委托收款	结算	部分 全部	拒绝付款理由书	（回单或付款通知）	1

拒付日期 2022 年 06 月 15 日　　原托收号码 036395

付款人	全称	上海东方集团有限公司		收款人	全称	天狗商贸有限公司		
	账号	34001125100050001205			账号	110010412025098180018		
	开户银行	中国建设银行上海嘉定支行	行号		开户银行	交通银行北京房山支行	行号	

托收金额	¥238800.00	拒付金额	¥1500.00	部分付款金额	亿千百十万千百十元角分 ¥237 30000

附寄单证	1 张	部分付款金额（大写）	人民币贰拾叁万柒仟叁佰元整

拒付理由：根据合同规定，运费由天狗商贸有限公司承担。

（上海东方集团有限公司 财务专用章）　（之余印仙）

付款人签章

此联银行给付款人的回单或付款通知

图 3-138　拒绝付款理由书（回单或付款通知）

图 3-139 拒绝付款理由书（借方凭证）

托收承付 委托收款	结算	部分 全部	拒绝付款理由书	（借方凭证）	2

拒付日期 2022 年 06 月 15 日　　原托收号码 036395

付款人	全称	上海东方集团有限公司		收款人	全称	天狗商贸有限公司		
	账号	34001125100050001205			账号	110010412025098180018		
	开户银行	中国建设银行上海嘉定支行	行号		开户银行	交通银行北京房山支行	行号	

托收金额	¥238800.00	拒付金额	¥1500.00	部分付款金额	亿千百十万千百十元角分 ¥237 30000

附寄单证	1 张	部分付款金额（大写）	人民币贰拾叁万柒仟叁佰元整

拒付理由：根据合同规定，运费由天狗商贸有限公司承担。

（上海东方集团有限公司 财务专用章）　（之余印仙）

科目（借）	
对方科目（贷）	
转账日期	年 月 日
复核	记账

付款人签章

此联银行作借方凭证或存查

图 3-139　拒绝付款理由书（借方凭证）

图 3-140　拒绝付款理由书(贷方凭证)

图 3-141　拒绝付款理由书(代通知或收账通知)

实验业务训练

2022年6月28日,天狗商贸有限公司(国企)向上海宝龙实业有限公司(国企)销售产品一批,货已发出,连同运费办理托收承付结算手续,合同规定采用验货付款,合同编号为511411。2022年6月30日,上海宝龙实业有限公司收到银行托收付款通知,因对方金额计算有误前来办理拒付,支付27 600元,拒付120元。

要求一:请根据背景资料,如图3-142至图3-145所示,填制托收凭证,并到银行办理电划。

图3-142　增值税专用发票(抵扣联)

图3-143　增值税专用发票(发票联)

图 3-144　增值税专用发票(抵扣联)

图 3-145　增值税专用发票(发票联)

要求二:请根据图 3-136 填写的第五联付款人开户银行给付款人按期付款通知(已加盖中国建设银行上海嘉定支行业务受理章),填写拒绝承付理由书。

延伸阅读 3-4

重办托收

收款人对被无理拒绝付款的托收款项,在收到退回的结算凭证及其所附单证后,需要委托银行重办托收,应当填写四联"重办托收理由书",将其中三联连同购销合同、有关证据和退回的原托收凭证及交易单证,一并送交银行。经开户银行审查,确属无理拒绝付款,可以重办托收。

第七节 委托收款结算业务

 实验目的

通过本节课的教学,学生能够了解委托收款结算的基本理论知识,熟悉委托收款结算的基本流程及相关规定,了解委托收款凭证的签发手续。

1. 委托收款结算的概念

委托收款是收款人委托银行向付款人收取款项的结算方式。其中委托是指收款人办理委托收款应向银行提交委托收款凭证和有关的债务证明。付款是指银行接到寄来的委托收款凭证及债务证明,审查无误办理付款。单位和个人凭已承兑商业汇票、债券、存单等付款人债务证明办理款项的结算,均可以使用委托收款结算方式。委托收款在同城、异地均可以使用。委托收款结算款项的划回方式,分邮寄和电报两种,由收款人选用。前者是以邮寄方式由收款人开户银行向付款人开户银行转送委托收款凭证,提供收款依据;后者则是以电报方式由收款人开户银行向付款人开户银行转送电传信息编制的补充报单,提供收款依据。

2. 委托收款结算的适用范围

单位或个人凭已承兑的商业汇票(商业承兑汇票和银行承兑汇票)、国内信用证、储蓄委托收款(存单)、债券等付款人债务证明办理款项结算的,均可使用委托收款结算。

3. 委托收款结算收款业务的办理流程

收款人首先填制一式五联的托收凭证。第一联(图 3-146)作收款人开户银行给收款人的受理回单,第二联(图 3-147)收款人开户银行作贷方凭证,第三联(图 3-148)付款人开户银行作借方凭证,第四联(图 3-149)付款人开户银行作汇款依据或收账通知,第五联(图 3-150)付款人开户银行作付款通知。

托收凭证（受理回单） **1**

委托日期　　年　　月　　日

(2005) 10×17.5公分　15 角宣印制　0512-65011866

业务类型	委托收款（□邮划、□电划）　托收承付（□邮划、□电划）				
付款人	全称		收款人	全称	
	账号			账号	
	地址	省　市县　开户行		地址	省　市县　开户行
金额	人民币（大写）				亿 千 百 十 万 千 百 十 元 角 分
款项内容		托收凭据名称		附寄单证张数	
商品发运情况			合同名称号码		
备注： 复核　记账		年　月　日		收款人开户银行签章 年　月　日	

此联作收款人开户银行给收款人的受理回单

图 3-146　托收凭证(受理回单)

托收凭证（贷方凭证） **2**

委托日期　　年　　月　　日

(2005) 10×17.5公分　15 角宣印制　0512-65011866

业务类型	委托收款（□邮划、□电划）　托收承付（□邮划、□电划）				
付款人	全称		收款人	全称	
	账号			账号	
	地址	省　市县　开户行		地址	省　市县　开户行
金额	人民币（大写）				亿 千 百 十 万 千 百 十 元 角 分
款项内容		托收凭据名称		附寄单证张数	
商品发运情况			合同名称号码		
备注： 收款人开户银行收到日期： 年　月　日		上列款项随附有关债务证明，请予办理。 收款人签章		复核：　记账：	

此联收款人开户银行作贷方凭证

图 3-147　托收凭证(贷方凭证)

托收凭证（借方凭证）　　3

委托日期　　年　　月　　日　　　　付款期限　　年　　月　　日

业务类型	委托收款（□邮划、□电划）　　托收承付（□邮划、□电划）				
付款人	全称		收款人	全称	
	账号			账号	
	地址	省　市县　开户行		地址	省　市县　开户行
金额	人民币（大写）				亿 千 百 十 万 千 百 十 元 角 分
款项内容		托收凭据名称		附寄单证张数	
商品发运情况			合同名称号码		
备注： 付款人开户银行收到日期： 年　月　日		收款人开户银行签章 年　月　日		复核：　记账：	

（2005）10×17.5公分　15角直印刷　0512-65011866

此联付款人开户银行作借方凭证

图 3-148　托收凭证（借方凭证）

托收凭证（汇款依据或收账通知）　　4

委托日期　　年　　月　　日　　　　付款期限　　年　　月　　日

业务类型	委托收款（□邮划、□电划）　　托收承付（□邮划、□电划）				
付款人	全称		收款人	全称	
	账号			账号	
	地址	省　市县　开户行		地址	省　市县　开户行
金额	人民币（大写）				亿 千 百 十 万 千 百 十 元 角 分
款项内容		托收凭据名称		附寄单证张数	
商品发运情况			合同名称号码		
备注： 复核　记账		上列款项已划回收入你方账户内。 收款人开户银行签章 年　月　日			

（2005）10×17.5公分　15角直印刷　0512-65011866

此联付款人开户行凭以汇款或收款人开户银行作收账通知

图 3-149　托收凭证（汇款依据或收账通知）

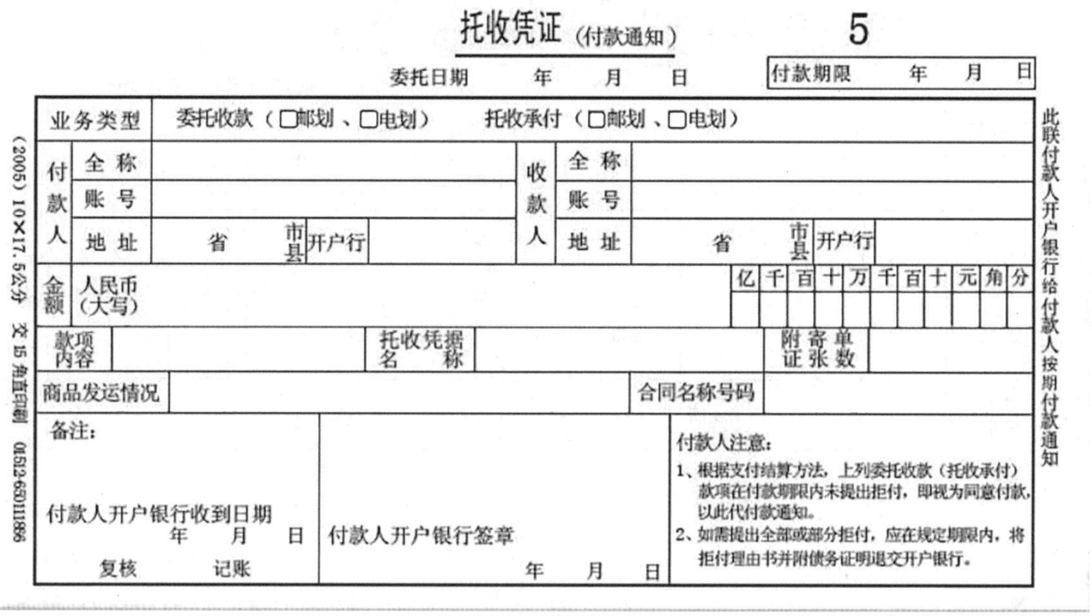

托收凭证（付款通知） 5

委托日期 年 月 日　　付款期限 年 月 日

业务类型	委托收款（□邮划、□电划） 托收承付（□邮划、□电划）				
付款人	全称		收款人	全称	
	账号			账号	
	地址	省 市县 开户行		地址	省 市县 开户行
金额	人民币（大写）				亿 千 百 十 万 千 百 十 元 角 分
款项内容		托收凭据名称		附寄单证张数	
商品发运情况			合同名称号码		
备注： 付款人开户银行收到日期 年 月 日 复核 记账	付款人开户银行签章 年 月 日	付款人注意： 1、根据支付结算方法，上列委托收款（托收承付）款项在付款期限内未提出拒付，即视为同意付款，以此代付款通知。 2、如需提出全部或部分拒付，应在规定期限内，将拒付理由书并附债务证明退交开户银行。			

此联付款人开户银行给付款人按期付款通知

（2005）10×17.5公分 文15角直印制 0512-65011886

图 3-150 托收凭证(付款通知)

收款单位开户银行收到收款单位递交的托收凭证和有关单证后，按照有关规定进行认真审查，审查无误后办理委托收款手续，并在托收凭证第一联上加盖业务受理章后退还收款单位。同时按规定收取一定的手续费和邮电费。款项到账后，取回收账通知。

4. 通知银行付款

付款人开户银行在接到寄来的托收凭证及债务证明，并经审查无误后将托收凭证第五联盖章后连同债务证明传递给付款人，通知付款人向收款人付款。具体而言，以银行为付款人的，银行应在当日将款项主动支付给收款人；以企业单位为付款人的，银行应及时通知付款人，按照有关办法规定，需要将有关债务证明交给付款人的应交给付款人并签收。付款人应于接到通知的当日书面通知银行付款。如果付款人未在接到通知日的次日起 3 日内通知银行付款的，视同付款人同意付款，银行应于付款人接到通知日的次日起第 4 日上午开始营业时，将款项划给收款人。

5. 拒绝付款

付款人审查有关债务证明后，对收款人委托收取的款项需要拒绝付款的，可以办理拒绝付款。在付款期内填制委托收款结算拒绝付款理由书，如图 3-151 至图 3-154 所示，并加盖银行预留印鉴，连同有关单证送交开户银行。银行不负责审查拒付理由，将拒绝付款理由书和有关凭证及单证寄给收款人开户银行转交收款人。

托收承付 / 委托收款 结算 部分 / 全部 拒绝付款理由书 （回单或付款通知） 1

拒付日期　　年　　月　　日　　　　原托收号码　036395

付款人	全称			收款人	全称		
	账号				账号		
	开户银行		行号		开户银行		行号
托收金额		拒付金额		部分付款金额		亿千百十万千百十元角分	
附寄单证	张	部分付款金额（大写）					
拒付理由：							
付款人签章							

此联银行给付款人的回单或付款通知

图 3-151　拒绝付款理由书（回单或付款通知）

托收承付 / 委托收款 结算 部分 / 全部 拒绝付款理由书 （借方凭证） 2

拒付日期　　年　　月　　日　　　　原托收号码　036395

付款人	全称			收款人	全称		
	账号				账号		
	开户银行		行号		开户银行		行号
托收金额		拒付金额		部分付款金额		亿千百十万千百十元角分	
附寄单证	张	部分付款金额（大写）					
拒付理由：				科目（借）			
				对方科目（贷）			
				转账日期　年　月　日			
付款人签章				复核　记账			

此联银行作借方凭证或存查

图 3-152　拒绝付款理由书（借方凭证）

托收承付 / 委托收款 结算 部分 / 全部 拒绝付款理由书（贷方凭证） 3

拒付日期　　年　　月　　日　　原托收号码 036395

付款人	全称			收款人	全称		
	账号				账号		
	开户银行		行号		开户银行		行号
托收金额		拒付金额		部分付款金额		亿 千 百 十 万 千 百 十 元 角 分	
附寄单证	张	部分付款金额（大写）					
拒付理由：				科目(借)			
				对方科目(贷)			
				转账日期　　年　　月　　日			
		付款人签章		复核　　记账			

此联银行作贷方凭证或存查

图 3-153　拒绝付款理由书(贷方凭证)

托收承付 / 委托收款 结算 部分 / 全部 拒绝付款理由书（代通知或收账通知） 4

拒付日期　　年　　月　　日　　原托收号码 036395

付款人	全称			收款人	全称		
	账号				账号		
	开户银行		行号		开户银行		行号
托收金额		拒付金额		部分付款金额		亿 千 百 十 万 千 百 十 元 角 分	
附寄单证	张	部分付款金额（大写）					
拒付理由：							
		付款人签章					

此联银行给收款人作收账通知或全部拒绝通知书

图 3-154　拒绝付款理由书(代通知或收账通知)

实验内容及操作步骤

一、签发委托收款凭证——银行承兑汇票

【实验内容】

2022年9月25日,天狗商贸有限公司持上海东方集团有限公司3月25日签发的银行承兑汇票,如图3-155和图3-156所示,向开户银行办理委托收款。请根据背景单据,填制托收凭证。(备注:邮划,合同编号为20220225,货已发运)

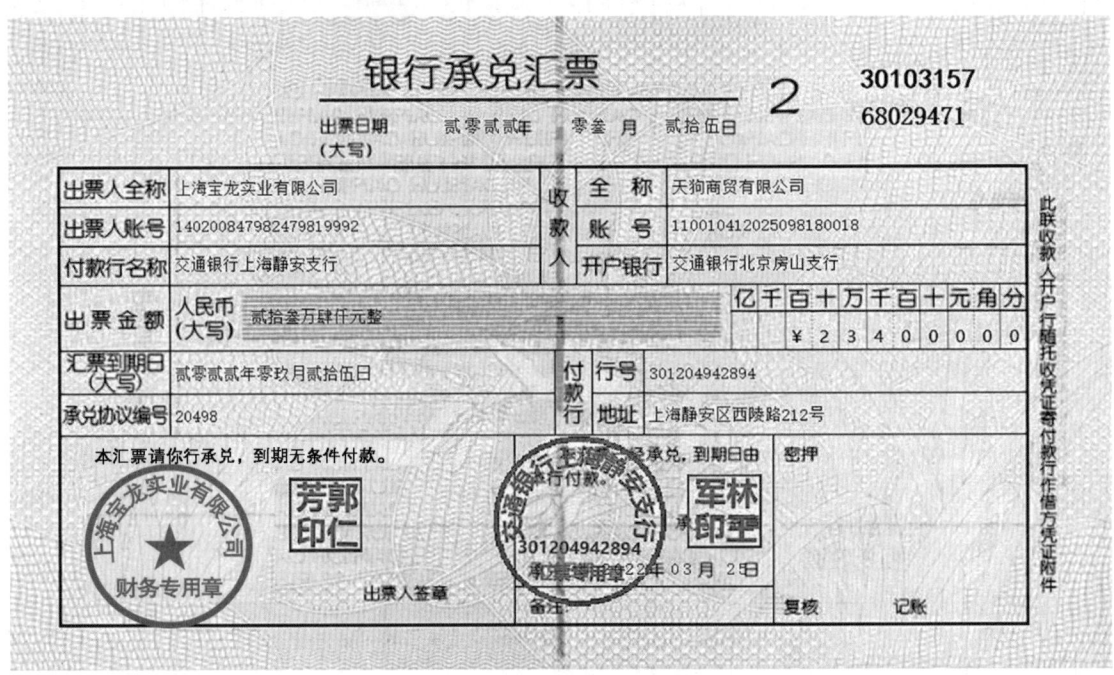

图3-155 银行承兑汇票(正面)

图3-156 银行承兑汇票(背面)

【操作步骤】

1. 填写托收凭证

根据银行承兑汇票填写一式五联托收凭证，在第二联收款人签章处加盖银行预留印鉴，如图 3-157 至图 3-161 所示。

托收凭证（受理回单） 1

委托日期 2022年 09月 25日

业务类型	委托收款（☑邮划、□电划）		托收承付（□邮划、□电划）	
付款人 全称	交通银行上海静安支行	收款人	全称	天狗商贸有限公司
付款人 账号		收款人	账号	110010412025098180018
付款人 地址	上海 省 市/县 开户行 交通银行上海静安支行	收款人	地址	北京 省 市/县 开户行 交通银行北京房山支行
金额 人民币（大写）	贰拾叁万肆仟元整		亿千百十万千百十元角分	¥ 2 3 4 0 0 0 0 0
款项内容	货款	托收凭据名称	银行承兑汇票	附寄单证张数 1
商品发运情况	已发		合同名称号码	20220225
备注： 复核 记账	年 月 日		收款人开户银行签章 年 月 日	

(2005) 10×17.5公分 15 角宜印制 0512-65011886

此联作收款人开户银行给收款人的受理回单

图 3-157 托收凭证(受理回单)

托收凭证（贷方凭证） 2

委托日期 2022年 09月 25日

业务类型	委托收款（☑邮划、□电划）		托收承付（□邮划、□电划）	
付款人 全称	交通银行上海静安支行	收款人	全称	天狗商贸有限公司
付款人 账号		收款人	账号	110010412025098180018
付款人 地址	上海 省 市/县 开户行 交通银行上海静安支行	收款人	地址	北京 省 市/县 开户行 交通银行北京房山支行
金额 人民币（大写）	贰拾叁万肆仟元整		亿千百十万千百十元角分	¥ 2 3 4 0 0 0 0 0
款项内容	货款	托收凭据名称	银行承兑汇票	附寄单证张数 1
商品发运情况	已发		合同名称号码	20220225
备注： 收款人开户银行收到日期： 年 月 日	上列款项随附有关债务证明，请予办理。 收款人签章		复核： 记账：	

(2005) 10×17.5公分 15 角宜印制 0512-65011886

此联收款人开户银行作贷方凭证

图 3-158 托收凭证(贷方凭证)

托收凭证（借方凭证）　　3

委托日期 2022 年 09 月 25 日　　付款期限 2022 年 09 月 28 日

业务类型	委托收款（☑邮划、☐电划）		托收承付（☐邮划、☐电划）				
付款人	全称	交通银行上海静安支行		收款人	全称	天狗商贸有限公司	
	账号				账号	110010412025098180018	
	地址	省上海市县	开户行 交通银行上海静安支行		地址	省北京市县	开户行 交通银行北京房山支行
金额	人民币（大写）	贰拾叁万肆仟元整				亿千百十万千百十元角分	¥ 2 3 4 0 0 0 0 0
款项内容	货款	托收凭据名称	银行承兑汇票			附寄单证张数	1
商品发运情况	已发			合同名称号码	20220225		
备注： 付款人开户银行收到日期： 年 月 日		收款人开户银行签章 年 月 日				复核： 记账：	

(2005) 10×17.5公分　15 角宜印刷　0152-65011866

此联付款人开户银行作借方凭证

图 3-159　托收凭证（借方凭证）

托收凭证（汇款依据或收账通知）　　4

委托日期 2022 年 09 月 25 日　　付款期限 2022 年 09 月 28 日

业务类型	委托收款（☑邮划、☐电划）		托收承付（☐邮划、☐电划）				
付款人	全称	交通银行上海静安支行		收款人	全称	天狗商贸有限公司	
	账号				账号	110010412025098180018	
	地址	省上海市县	开户行 交通银行上海静安支行		地址	省北京市县	开户行 交通银行北京房山支行
金额	人民币（大写）	贰拾叁万肆仟元整				亿千百十万千百十元角分	¥ 2 3 4 0 0 0 0 0
款项内容	货款	托收凭据名称	银行承兑汇票			附寄单证张数	1
商品发运情况	已发			合同名称号码	20220225		
备注： 复核 记账		上列款项已划回收入你方账户内。 收款人开户银行签章 年 月 日					

(2005) 10×17.5公分　15 角宜印刷　0152-65011866

此联付款人开户行凭以汇款或收款人开户银行作收账通知

图 3-160　托收凭证（汇款依据或收账通知）

2. 开户银行受理委托收款业务

将填写好的一式五联托收凭证连同银行承兑汇票一并交给开户银行柜员。银行柜员审核无误后，在托收凭证第一联上盖章，作为业务受理回单退回单位。收款人开户银行将托收凭证第二联留存作为业务受理凭证，托收凭证第三联、第四联、第五联连同银行承兑汇票一起传递给付款人开户银行办理收款。

图 3-161 托收凭证(付款通知)

二、签发委托收款凭证——销售货款

【实验内容】

2022 年 5 月 23 日,天狗商贸有限公司销售给上海慧达贸易有限公司电脑 10 台,已开具增值税发票如图 3-162 和图 3-163 所示,另有销售单如图 3-164 所示,运费发票如图 3-165 和图 3-166 所示,货已发运,到开户行办理委托收款手续。(备注:电划,合同编号为 20220523)

图 3-162 增值税专用发票(抵扣联)

图 3-163　增值税专用发票（发票联）

图 3-164　销售单（会计联）

图 3-165　增值税专用发票（抵扣联）

图 3-166 增值税专用发票(发票联)

【操作步骤】

1. 填写托收凭证

根据销售发票填写一式五联托收凭证，在第二联收款人签章处加盖银行预留印鉴，如图 3-167 和图 3-171 所示。

图 3-167 托收凭证(受理回单)

托收凭证（贷方凭证）　　2

委托日期 2022 年 05 月 23 日

业务类型	委托收款（☐邮划、☑电划）　托收承付（☐邮划、☐电划）						
付款人	全称	上海慧达贸易有限公司		收款人	全称	天狗商贸有限公司	
	账号	140200010019200122673			账号	110010412025098180018	
	地址	省上海市/县	开户行 交通银行上海分行		地址	省北京市/县	开户行 交通银行北京房山支行
金额	人民币（大写）叁万陆仟柒佰陆拾元整					亿千百十万千百十元角分	¥3676000
款项内容	货款	托收凭据名称	增值税专用发票、销售单			附寄单证张数	5
商品发运情况	已发			合同名称号码	20220523		
备注： 收款人开户银行收到日期： 年 月 日		上列款项随附有关债务证明，请予办理。 天狗商贸有限公司 财务专用章　段玉之印 收款人签章				复核：　记账：	

(2005) 10×17.5公分　15 角直印制　0512-65011866

此联收款人开户银行作贷方凭证

图 3-168　托收凭证(贷方凭证)

托收凭证（借方凭证）　　3

委托日期 2022 年 05 月 23 日　　付款期限 2022 年 05 月 26 日

业务类型	委托收款（☐邮划、☑电划）　托收承付（☐邮划、☐电划）						
付款人	全称	上海慧达贸易有限公司		收款人	全称	天狗商贸有限公司	
	账号	140200010019200122673			账号	110010412025098180018	
	地址	省上海市/县	开户行 交通银行上海分行		地址	省北京市/县	开户行 交通银行北京房山支行
金额	人民币（大写）叁万陆仟柒佰陆拾元整					亿千百十万千百十元角分	¥3676000
款项内容	货款	托收凭据名称	增值税专用发票、销售单			附寄单证张数	5
商品发运情况	已发			合同名称号码	20220523		
备注： 付款人开户银行收到日期： 年 月 日		收款人开户银行签章 年 月 日				复核：　记账：	

(2005) 10×17.5公分　15 角直印制　0512-65011866

此联付款人开户银行作借方凭证

图 3-169　托收凭证(借方凭证)

图 3-170　托收凭证(汇款依据或收账通知)

图 3-171　托收凭证(付款通知)

2. 到开户银行办理委托收款

将填写好的一式五联托收凭证连同增值税专用发票一并交给开户银行柜员。银行柜员审核无误后,在托收凭证第一联上盖章,作为业务受理回单退回单位。收款人开户银行将托收凭证第二联留存作为业务受理凭证,托收凭证第三联、第四联、第五联连同增值税专用发票一起传递给付款人开户银行办理收款。

3. 填制拒绝付款理由书

2022年5月30日，上海慧达贸易有限公司部分付款，根据合同规定运费由天狗商贸有限公司支付，因此拒付运费600.00元，支付36 160.00元，根据背景资料，如图3-172所示，填写拒绝付款理由书，如图3-173至图3-176所示。

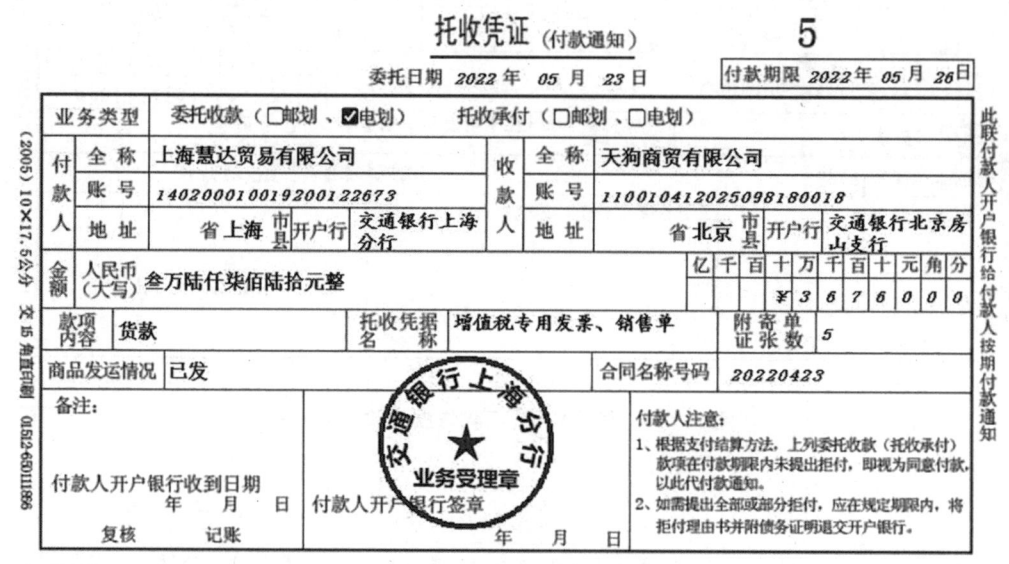

图3-172 托收凭证（付款通知）

图3-173 拒绝付款理由书（回单或付款通知）

图 3-174　拒绝付款理由书(借方凭证)

图 3-175　拒绝付款理由书(贷方凭证)

图 3-176 拒绝付款理由书(代通知或收账通知)

实验业务训练

2022年11月10日，天狗商贸有限公司销售给上海慧达贸易有限公司戴尔电脑一批，商品已发出，向开户银行办理委托收款。（备注：邮划，合同编号为 20221110）

根据背景资料，如图 3-177 至图 3-179 所示，填写托收凭证。

图 3-177 增值税专用发票(抵扣联)

图 3-178 增值税专用发票(发票联)

图 3-179 销售单(会计联)

二维码 3-10
参考答案：
签发委托收款凭证－销售货款

延伸阅读 3-5

无款支付及其罚款规定

付款人在付款期满日、银行营业终了前如无足够资金支付全部款项，即为无款支付。

银行于次日上午开始营业时，通知付款人将有关单证(单证已作账务处理的，付款人可填制应付款项证明书)在两天内退回开户银行，银行将有关结算凭证连同单证或应付款项证明单退回收款人开户银行转交收款人。

付款人逾期不退回单证的，开户银行应按照委托收款的金额自发出通知的第 3 日起，每日处以 0.5‰ 但不低于 50 元的罚金，并暂停付款人委托银行向外办理结算业务，直到退回单证时为止。

第八节 电子支付结算业务

实验目的

通过本节课的教学,学生能够了解如何办理网上银行业务,如何办理支付宝和微信支付业务,应熟悉不同经济业务涉及的操作流程。

理论知识点

一、网上银行业务

网上银行,又称网络银行、在线银行,是指银行利用 Internet 技术,通过 Internet 向客户提供开户、查询、对账、行内转账、跨行转账、信贷、网上证券、投资理财等传统服务项目,使客户可以足不出户就能够安全便捷地管理活期和定期存款、支票、信用卡及个人投资等。可以说,网上银行是在 Internet 上的虚拟银行柜台。网上银行又被称为"3A 银行",因为它不受时间、空间限制,能够在任何时间、任何地点、以任何方式为客户提供金融服务。

网上银行结算是付款人通过网络与银行之间的支付接口进行款项交易的一种即时支付方式。随着网上支付系统安全性的日益提高和网络普及,越来越多的企业开始使用网上支付进行款项结算,大大提高了结算效率。因此,对于企业出纳人员而言,网上银行结算也成为一项必备的职业技能。

目前,根据商业银行提供的网上银行服务项目,通过网上银行,企业可以进行账户余额查询、交易记录查询、总账户与分账户管理、转账、在线支付各种费用、透支保护、储蓄账户与支票账户资金自动划拨、商业信用卡、投资服务和网上贷款等业务。

网上银行操作流程:操作员录入信息,由复核员审核信息,由管理员复核信息。操作员的网银盾(UKey)由出纳人员保管,复核员网银盾由财务经理保管,管理员网银盾由总经理保管。

出纳人员持操作员 UKey 进入付款业务界面时,需录入的信息包括收款人名称、转入账户、转入银行、金额小写和用途等。

财务经理持复核员 UKey 进入网上银行需对上一环节录入信息进行审核,如信息有误则点击拒绝支付,并输入 UKey 密码,提交返回到上一环节操作员环节。信息无误时,点击提交并输入 UKey 密码,提交给下一级的管理员。

财务经理持管理员 UKey 进入网上银行主要负责对复核员及操作员的权限进行控制,并进行最终复核。发现信息有误时,点击拒绝支付,输入密码,此笔付款返回第一环节出纳人员处。信息无误时,点击提交并输入 UKey 密码,该笔款项完成支付。

二维码 3-11
微课视频:
企业网上银行操作

二、支付宝支付业务

1. 支付宝账户注册

支付宝公司账户注册步骤如下：第一步，打开www.alipay.com，点击"免费注册"；第二步，点击"企业账户"，填入电子邮箱和验证码(公司账户只能邮箱注册)，点击"下一步"；第三步，点击"立即查收邮件"，进入邮箱；第四步，在邮箱中会收到一封激活支付宝账户的邮件，点击"请激活您的支付宝账户"；第五步，点击"继续注册"；第六步，填写相关信息，点击确定；第七步，申请企业类型的支付宝账户，需进行支付宝实名认证，点击"立即申请"。

2. 支付宝的使用

企业实名认证通过后，则企业申请的公司类型支付宝账户注册成功，企业可以登录支付宝账户，进行网上购物的操作。支付宝的账户类型一经选定不能修改。

企业在使用支付宝时要注意几个方面：

(1) 支付宝交易类型。支付宝交易类型分为担保交易和及时到账交易。

(2) 卖出交易。卖出交易完成后需要重点关注卖出交易查询和单笔退款。

(3) 买入交易。对于买入交易企业可通过买入交易查询页面查询所有在支付宝上进行的买入交易，包括采购等的最新状态。

三、微信支付业务

随着科技的不断进步，支付方式的选择也越来越多。企业在收支款项时，除了常规的现金、银行存款、票据等方式，也可根据业务特点，选择微信等支付方式。使用微信支付时要注意两个问题，即接入微信支付和使用微信支付。

1. 接入微信支付

企业销售货物使用微信支付时，需先接入微信支付，主要有公众号支付接入、App支付接入、扫码支付接入、刷卡支付接入。

公众号支付接入的步骤包括：第一步，注册账号，注册公众平台(mp.weixin.qq.com)；第二步，填写资料，包括经营类目以及对应经营资质、企业联系信息、企业银行账户等信息；第三步，商户验证，登录商户平台(pay.weixin.qq.com)；第四步，签署协议，验证通过后，在线签署线上协议；第五步，售卖商品，开发完成之后，即可上线产品进行售卖。

App支付接入的步骤包括：第一步，注册并认证，注册开放平台(open.weixin.qq.com)账号；第二步，填写资料，包括经营类目及对应经营资质、企业联系信息、企业银行账户、App下载地址或页面截图等信息；第三步，商户验证，登录商户平台(pay.weixin.qq.com)；第四步，签署协议，验证通过后，在线签署线上协议；第五步，功能发布，开发完成之后，App内即可调用微信支付模块，发起支付。

扫码支付(含PC网站支付)接入和刷卡支付接入的申请步骤与公众号支付接入一致。

2. 使用微信支付

企业使用微信支付时,需了解各平台的支付流程。

扫码支付有两种模式,分别为二维码永久有效和二维码两小时有效。二维码链接由商户生成,然后商户将二维码链接转成二维码,图片用户通过扫码支付,此方式下生成的二维码永久有效,具体流程如图 3-180 所示。二维码链接由微信支付返回给商户,商户将得到的二维码链接转成二维码图片用户通过扫码支付,此方式下生成的二维码两小时内有效,具体流程如图 3-181 所示。

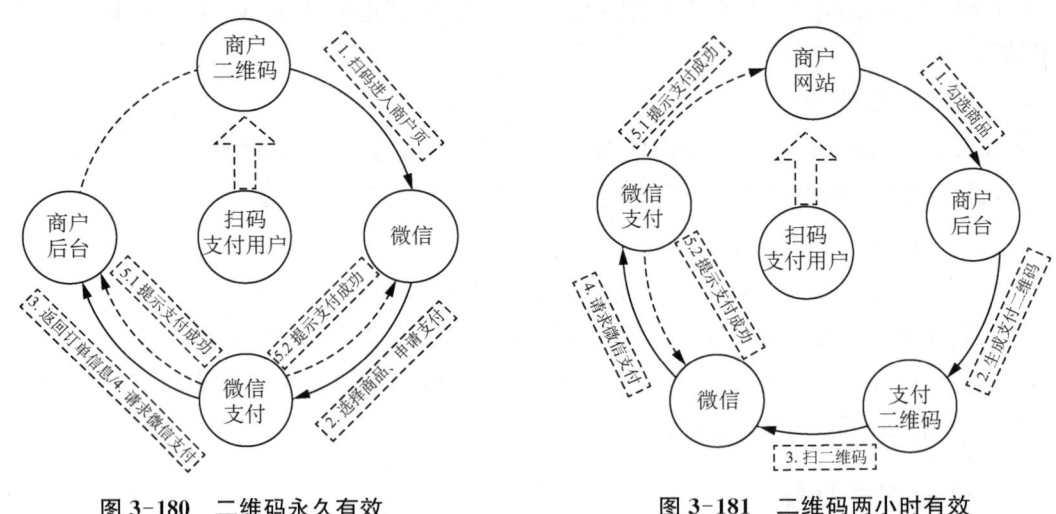

图 3-180　二维码永久有效　　　　　图 3-181　二维码两小时有效

刷卡支付有两个模式,分别为后台接入模式(图 3-182)和门店接入模式(图 3-183)。后台接入模式适合具备统一后台系统的商户,门店接入模式适合门店收银台通过公网直接与微信后台通信的商户,其流程分别如图 3-182 和图 3-183 所示。

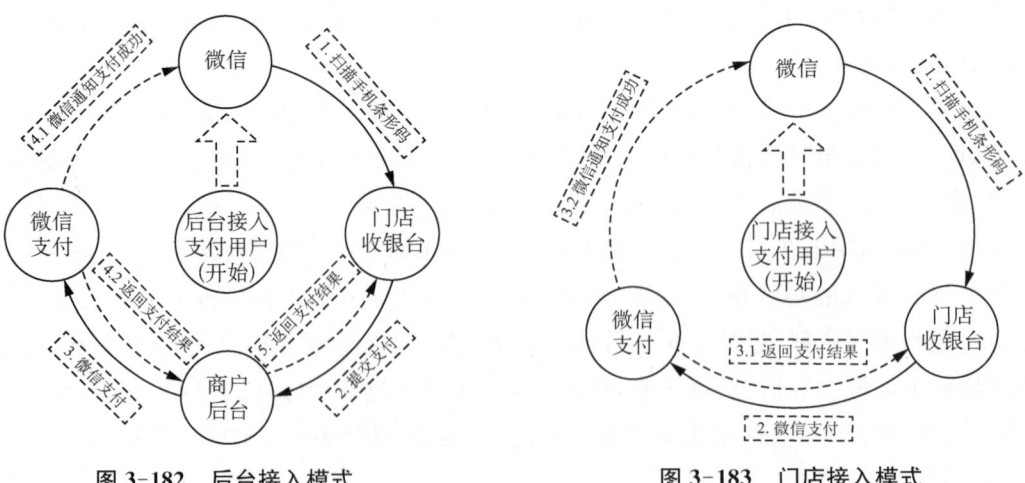

图 3-182　后台接入模式　　　　　图 3-183　门店接入模式

微信支付使用注意事项：公众号平台申请微信支付商户后，如注册时不小心将邮箱填错，未能收到开户邮件，请按以下四个步骤修改邮箱即可重新获取开户邮件。第一步，点击"未收到邮件"；第二步，点击"修改邮箱"；第三步，录入新邮箱；第四步，出现"修改邮箱成功"界面。

四、云闪付业务

云闪付是一个App，是一种非现金收付款移动交易结算工具，是在中国人民银行的指导下，由中国银联携手各商业银行、支付机构等产业各方共同开发建设、共同维护运营的移动支付工具。

二维码3-12 微课视频：支付宝、微信支付流程

1. 云闪付的基本介绍

云闪付具有收付款、享优惠、卡管理三大核心功能，云闪付拥有强大的跨行银行卡管理服务，目前云闪付已支持国内所有银联卡的绑定，一次性可管理30张银联卡。云闪付与中国银联手机闪付、中国银联二维码支付同为中国银联三大移动支付产品，云闪付包括以下四个优点：第一，最多可以绑定30张各类卡片；第二，储蓄卡余额、信用卡账单实时显示；第三，支持70多家银行使用；第四，还、借、贷合一，如中信易卡。

2. 云闪付的使用

云闪付实现老百姓衣食住行、线上线下主要支付场景的全面覆盖，可在校园食堂、地铁、超市便利、餐饮、医疗健康、电影院等公共服务行业营业商户使用，并在不断拓展应用场景。

实验内容及操作步骤

1. 交行网上银行——账户余额查询

登录企业网上银行，如图3-184和图3-185所示。

图3-184 点击企业客户登录按钮

二维码3-13 微课视频：交行网上银行-企业单笔付款

二维码3-14 微课视频：企业支付宝-充值业务

图 3-185　点击登录按钮

查询账户余额,如图 3-186 和图 3-187 所示。

图 3-186　点击账务查询按钮

2. 交行网上银行——企业单笔付款

2022 年 8 月 25 日,天狗商贸有限公司使用交通银行网上银行支付顾问费,请根据背景资料,如表 3-1 所示,完成银行电子转账支付业务。

图 3-187　查看账户余额

表 3-1　2022 年 8 月支付顾问费清单

2022 年 8 月 25 日

序号	姓名	账号	开户行	金额(元)
1	章建平	6222582312177297002801	交通银行河北省富强大街支行	5 000.00
2	赫龙斌	6212261000008250197	中国工商银行北京永丰支行	5 000.00
3	王志军	6222582325018266405	交通银行河北省北安街支行	5 000.00
4	陈凯	6227594352843786536	中国建设银行北京朝阳支行	5 000.00
5	黄晓曼	6227608852761076880	中国银行上海虹口支行	6 000.00
6	林智杰	6228837029487289321	中国农业银行上海嘉定支行	6 000.00

审核：吴明慧　　　　　　　　　　　　　　　　　　　　　　　　　制单：张帆

（1）登录企业网上银行。

（2）企业单笔付款在"企业金融"项目内选择"企业单笔付款"（图 3-188）按钮。

点击付款录入按钮进入单笔付款录入界面，录入步骤如下：第一步，填写单笔付款信息；第二步，确认单笔付款信息；第三步，完成单笔付款信息。需要录入的信息包括付款人信息，其中必填项为付款户名、付款账号；收款人信息，其中必填项为收款方所在银行、收款账号、收款户名；款项信息，其中必填项为汇款金额、转账用途、是否预约付款。付款录入相关步骤如图 3-189 至图 3-195 所示。

图 3-188　企业单笔付款

图 3-189　付款录入

图 3-190　收款方为交通银行的单笔付款录入

图 3-191　收款方为交通银行的单笔付款信息确认

图3-192 收款方为交通银行的单笔付款录入完成

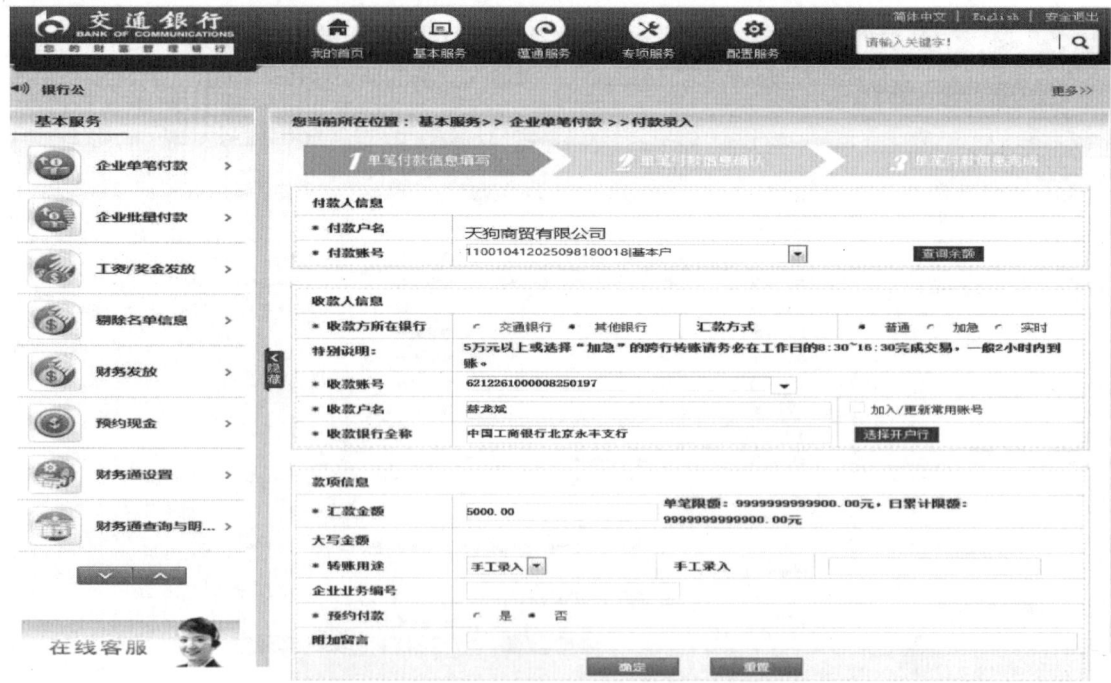

图3-193 收款方为其他银行的单笔付款信息填写

图 3-194　收款方为其他银行的单笔付款信息确认

图 3-195　收款方为其他银行的单笔付款信息完成

相关思考 3-10

当收款方为交通银行单位账户时,仅需输入 21 位账号并查询户名即可,实时到账。当收款方所在银行为其他银行时,除了需要填写收款账号、收款户名,收款行全称也为必填项。

3. 企业支付宝——账户余额

2022 年 4 月 1 日,天狗商贸有限公司采购部吕秋水计划在网上采购 666.57 元的办公用品,出纳人员回复余额已足够付款,请查询企业支付宝的账户余额,判断出纳人员查询是否正确。

(1) 输入账户名、密码登录支付宝账户,如图 3-196 所示。

图 3-196　支付宝账户登录界面

(2) 点击账户管理,当前账户余额为 666.57 元,余额无误,如图 3-197 和图 3-198 所示。

图 3-197　账户管理

图 3-198 账户余额

4. 企业支付宝——充值业务

2022年7月1日,天狗商贸有限公司采购部吕秋水申请向企业支付宝充值550.00元,用于网上采购办公用品,请代出纳人员完成向企业支付宝充值的操作。(用途和摘要:充值)

(1) 登录支付宝账户后,在账户管理栏目中选择"充值",如图3-199所示。

图 3-199 账户管理——充值

（2）选择充值方式，填写充值金额，如图 3-200 所示。

图 3-200　充值金额

（3）登录企业网上银行，录入用途和摘要，完成录入经办，等待复核，如图 3-201 至图 3-203 所示。

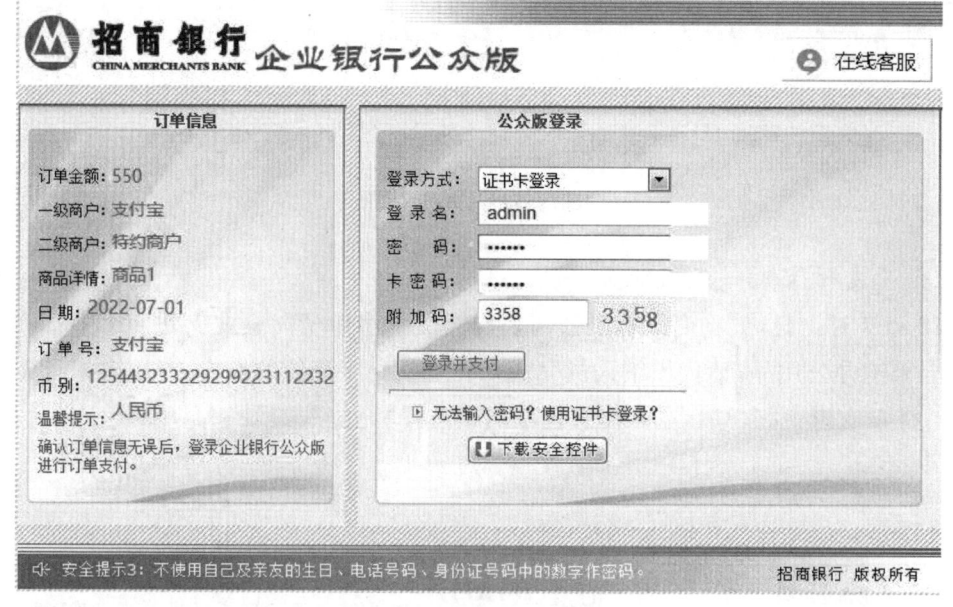

图 3-201　登录企业网上银行

图 3-202　录入用途和摘要

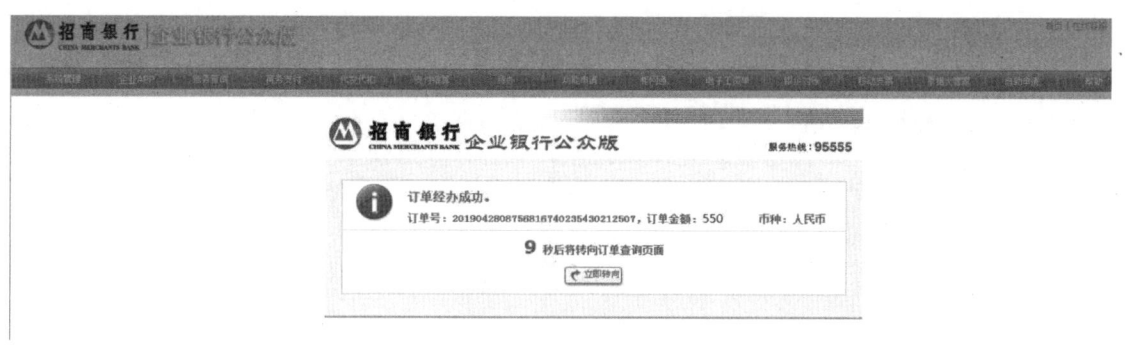

图3-203 录入完成

5. 企业支付宝——提现业务

2022年3月10日,天狗商贸有限公司出纳人员从企业支付宝账户中提现419.90元,请代出纳人员完成提现操作。

企业支付宝提现业务步骤如下:点击账密登录→登录→账户管理→当前账户余额→提现→输入转账金额→点击下一步→核对确认信息→点击确认转账,具体操作如图3-204至图3-207所示。(备注:进入操作界面后,点击左上角"支付宝商家中心"可返回首页)

图3-204 账户管理——提现

付款账户 zhifubao@tgsm.cn 余额 690.00　　　　　　　　　　　　　　　　　　　　　批量付款

收款账户　天狗商贸有限公司　　　　　　　转账到他人账户　｜　导入银行账户
　　　　　　招商银行

转账金额　419.9　元

备注

银行服务类型　○ 当日24点前到账
　　　　　　　● 下个工作日24点前到账
　　　　　　　注：实际到账时间请以银行时间为准

服务费　查看收费标准

□ 短信通知收款方　金额大于1.00元时可使用该服务

下一步 ▶

图 3-205　输入提现金额

确认信息

付款账户　zhifubao@tfsm.cn
收款银行账户　中国招商银行北京房山支行
　　　　　　　110052200410633
　　　　　　　北京市房山区燕东路31号
银行服务类型　下个工作日24点前到账
备注
应付款总额　419.9元（肆佰壹拾玖元玖角整）

○ 安全设置检测成功！数字证书正在保护中，无需短信校验。
支付宝支付密码：　******　　忘记密码？

❶ 付款后，资金将直接进入对方账户，无法撤回或退款。如向陌生人转账，请谨慎操作。

确认转账　　返回修改

图 3-206　输入支付宝支付密码

图 3-207　确认转账信息

实验业务训练

（1）请通过教师联系校企合作单位，由校外实训指导教师讲解演示企业网上银行登录流程，练习企业网上银行登录、查询、转账等业务的办理过程。

（2）企业支付宝-充值业务。2022年5月20日，天狗商贸有限公司采购部吕秋水申请向企业支付宝充值1 965.50元，用于网上采购办公用品，请代出纳人员完成向企业支付宝充值的操作。（用途和摘要：充值）

二维码3-15
参考答案：
企业支付宝-
充值业务

 延伸阅读3-6

云闪付与支付宝、微信支付、闪付的区别

云闪付和支付宝微信支付的区别：

（1）支付的方式不同。

（2）各自所支持的商家不同。

（3）余额功能不同。

（4）网络连接方式不同。

云闪付和闪付的区别：

（1）产品性质不同。云闪付是一款App，闪付则是一个功能和标识。

（2）产品功能不同。云闪付不仅涵盖了旧有的"银联闪付"功能，还支持设备二维码支付。

（3）应用设备不同。云闪付应用设备，云闪付是移动支付新品牌，包含NFC、HCE、TSM和Token技术，可实现手机等移动设备的线下非接触支付，并支持远程在线支付。闪付就是衍生出来的一种快捷支付方式，消费时只需拿出带有"闪付"功能的银行卡在标有"闪付"标识的POS机前轻轻一晃，无需插卡，即可实现支付。应用设备主要是通过支持非接触式支付的终端机，实现即挥即付。

思政育人

互联网时代的支付变革

互联网技术和移动支付的出现，不但改变着人们的生活方式、生产方式，更重要的是深刻地改变着人们的思维方式和行为方式。发生在支付领域和支付市场的一系列变革，既给人们的生活带来了便捷，同时也提出了一些新的挑战。正确认识这一系列变革，以及发展趋势和由此带来的影响，对未来支付市场发展，以及更好地发挥支付服务经济金融和社会生活有着积极意义。

网络支付带来便利的同时，也存在以下的风险：支付终端的系统风险、网络平台的信用风险、消费群体的人为风险。我们作为消费者，使用二维码支付、闪付、声波支付、可穿戴移动支付的方式进行网络购物、考试报名费支付、话费缴纳等支付活动，因此，网络支付中的诸多风险也应该引起我们的注意。

当前，我国正处在实现中华民族伟大复兴的关键时期，改革发展稳定任务艰巨繁重。我们要加强法治理论研究和宣传，必须坚持使用习近平法治思想武装头脑、指导实践、推动工作，贯彻落实好法治思想，以应对多变的改革局面。

第四章　出纳账簿

知识框架

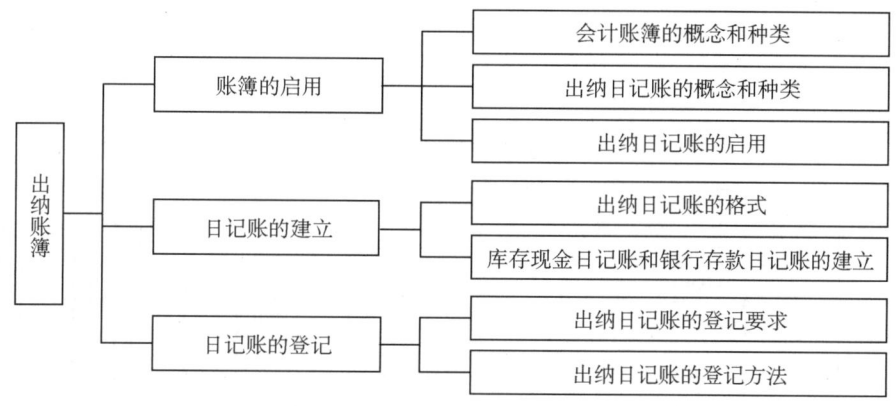

第一节 | 账簿的启用

实验目的

通过本节课的教学,学生能够了解账簿的基本理论知识;熟悉出纳日记账设置的相关规定;能够进行库存现金日记账和银行存款日记账的启用。

二维码4-1
微课视频:
出纳账簿

理论知识点

一、会计账簿的概念和种类

会计账簿是指由具有一定格式、相互联系的若干账页组成的簿记,它以审核无误的会计凭证作为登记账簿的依据,用以全面、系统、连续、分类地记录各项经济业务。设置和登记会计账簿,是重要的会计核算基础工作,是连接会计凭证和会计报表的中间环节。

会计账簿按其用途可以分为序时账簿、总分类账簿、明细分类账簿和备查账簿,其中序时账簿也叫作日记账。

二、出纳日记账的概念和种类

出纳岗位的主要职责是办理现金、银行存款的收付业务，为了对现金和银行存款进行核算和监督，企业应建立现金、银行存款总账和日记账，分别进行总分类核算和序时核算。其中，现金、银行存款总账一般由总账会计负责，出纳人员负责日记账的设置与登记。

出纳日记账是出纳人员根据收款凭证和付款凭证，按照经济业务发生或完成的时间先后顺序逐日逐笔进行登记的账簿，是各单位会计账簿的重要组成部分。出纳日记账包括库存现金日记账和银行存款日记账两种，如图 4-1 至图 4-2 所示。

库存现金日记账　　第 01 页

2022年		凭证		票据号数	摘要	借方									贷方									余额									核对
月	日	种类	号数			百	十	万	千	百	十	元	角	分	百	十	万	千	百	十	元	角	分	百	十	万	千	百	十	元	角	分	
01	01				上年结转																						2	5	0	7	0	0	□
																																	□
																																	□
																																	□
																																	□

图 4-1　库存现金日记账

第 12 页

银行存款日记账

开户行：交通银行北京房山支行

账号：11001041202509818OO18

2022年		凭证		支票号码	摘要	对方科目	收入（借方金额）											支出（贷方金额）											余额（结存余额）											核对
月	日	种类	号数				亿	千	百	十	万	千	百	十	元	角	分	亿	千	百	十	万	千	百	十	元	角	分	亿	千	百	十	万	千	百	十	元	角	分	
01	01				上年结转																										9	8	7	6	6	2	0	0	0	□
																																								□
																																								□
																																								□
																																								□

图 4-2　银行存款日记账

相关思考 4-1

备查账簿

备查账簿又称辅助登记簿或补充登记簿,是指对某些在序时账簿和分类账簿中未能记载或记载不全的经济业务进行补充登记的账簿。备查账簿的格式一般由各单位根据需要自行确定。

出纳人员应记录的备查账簿主要有支票使用登记簿、应收票据登记簿、应付票据登记簿、委托收款(或托收承付)登记簿、收据使用登记簿等。

三、出纳日记账的启用

设置与启用日记账的基本步骤为:登记日记账封面内容;填制日记账扉页内容(即账簿启用及交接表);登记日记账的账页内容。

1. 登记日记账封面内容

出纳人员启用现金日记账、银行存款日记账时,首先应在账簿封面上写明单位名称、账簿名称以及所属年份。

2. 填制账簿启用及交接表

(1)详细填列扉页的"账簿启用及交接表",如图 4-3 所示,包括单位名称、账簿名称、账簿册数、账簿编号、账簿页数、启用日期等。

机构名称								印 鉴	
账簿名称				(第 册)					
账簿编号									
账簿页数	本账簿共计 页 (本账簿页数)								
启用日期	公元 年 月 日								

经管人员	负责人		主办会计		复核		记账	
	姓名	盖章	姓名	盖章	姓名	盖章	姓名	盖章

接交记录	经管人员		接管			交出		
	职别	姓名	年	月	日	盖章	年	月	日	盖章
备注										

图 4-3 账簿启用及交接表

（2）出纳人员在"账簿启用及交接表"的"经管人员"栏内签章,再交由会计机构负责人(会计主管人员)审核后签章,并加盖单位公章等。

3. 登记日记账的账页内容

出纳人员启用账簿后,在现金日记账、银行存款日记账的第一页登记库存现金、银行存款的期初余额。

相关思考4-2

出纳日记账的启用

出纳人员在启用库存现金日记账和银行存款日记账时,首先应在账簿封面上写明单位名称、账簿名称以及所属年份;其次在账簿扉页上填写账簿启用及交接表。

实验内容及操作步骤

【实验内容】

1. 企业基本情况

企业名称:天狗商贸有限公司

企业增值税类型:一般纳税人

适用会计准则:企业会计准则

经营范围:从事日常生活用品销售

2. 相关角色

财务经理:乔风;会计:萧远山;复核:丁晓琪;出纳:穆婉清。

3. 填制账簿启用及交接表(库存现金日记账)

2022年1月1日,天狗商贸有限公司启用新的库存现金日记账,请填写账簿启用及交接表。相关资料:账簿编号01,第01册,一本50页。

【操作步骤】

（1）账簿启用及交接表——填列账簿启用信息,如图4-4所示。

（2）账簿启用及交接表——经管人员签章,如图4-5所示。

账簿启用及交接表

机构名称	天狗商贸有限公司			印 鉴	
账簿名称	库存现金日记账		（第 01 册）		
账簿编号	01				
账簿页数	本账簿共计50　　　页（本账簿页数　　　）				
启用日期	公元 2022　　年 01　　月 01　　日				

经管人员	负责人		主办会计		复核		记账	
	姓名	盖章	姓名	盖章	姓名	盖章	姓名	盖章

接交记录	经管人员		接管			交出		
	职别	姓名	年	月	日	盖章	年	月	日	盖章

备注	

图 4-4　账簿启用及交接表——填列账簿启用信息

账簿启用及交接表

机构名称	天狗商贸有限公司				
账簿名称	库存现金日记账		（第 01 册）		
账簿编号	01				
账簿页数	本账簿共计50　　　页（本账簿页数　　　）				
启用日期	公元 2022　　年 01　　月 01　　日				

经管人员	负责人		主办会计		复核		记账	
	姓名	盖章	姓名	盖章	姓名	盖章	姓名	盖章
	乔风	**乔风**	萧远山	**萧远山**	丁晓琪	**丁晓琪**	穆婉清	**穆婉清**

接交记录	经管人员		接管			交出		
	职别	姓名	年	月	日	盖章	年	月	日	盖章

备注	

图 4-5　填制账簿启用及交接表——经管人员签章

实验业务训练

2022年8月1日,天狗商贸有限公司对银行存款日记账进行换账,请填写账簿启用及交接表。相关资料:账簿编号02,以前每月使用一册账本,一本50页。

(1) 依题意,填列账簿启用信息。启用账簿时,按规定内容逐项填写账簿启用及交接表(图4-6),应写明单位名称、账簿名称、账簿编号和启用日期等。

(2) 账簿启用及交接表——经管人员签章。

出纳在"会计"栏签字,并加盖个人名章,会计复核人、财务经理分别签字并加盖个人名章;法人加盖单位公章。

账簿启用及交接表

机构名称	天狗商贸有限公司										
账簿名称	银行存款日记账			(第08 册)							
账簿编号	02										
账簿页数	本账簿共计50 页 (本账簿页数)										
启用日期	公元2022 年 08 月 01 日										

经管人员	负责人		主办会计		复核		记账	
	姓名	盖章	姓名	盖章	姓名	盖章	姓名	盖章
	乔风	乔风	萧远山	萧远山	丁晓琪	丁晓琪	穆婉清	穆婉清

接交记录	经管人员		接管				交出			
	职别	姓名	年	月	日	盖章	年	月	日	盖章
备注										

图4-6 账簿启用及交接表——银行存款日记账

第二节 | 日记账的建立

实验目的

通过本节课的教学,学生能够了解建立出纳日记账的基本理论知识,熟悉出纳日记账建账的相关规定,能够进行库存现金日记账和银行存款日记账的建立。

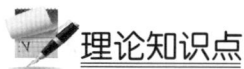

理论知识点

一、出纳日记账的格式

日记账必须采用订本式账簿，账页格式一般有“三栏式”“多栏式”和“收付分页式”三种。在实际工作中，通常采用的是“三栏式”账页格式。

1. 三栏式日记账

三栏式日记账设借方、贷方和余额三个金额栏目，一般将其分别称为收入、支出和结余三个基本栏目。三栏式日记账格式，如图 4-7 和 4-8 所示。

库存现金日记账

第 01 页

2022年 月	日	凭证 种类	凭证 号数	票据号数	摘要	借方（百十万千百十元角分）	贷方（百十万千百十元角分）	余额（百十万千百十元角分）	核对
01	01				上年结转			250700	□
									□
									□
									□
									□

图 4-7　三栏式库存现金日记账

第 12 页

银行存款日记账

开户行：交通银行北京房山支行

账 号：110010412025098180018

2022年 月	日	凭证 种类	凭证 号数	支票号码	摘要	对方科目	收入（借方金额）（亿千百十万千百十元角分）	支出（贷方金额）（亿千百十万千百十元角分）	余额（结存余额）（亿千百十万千百十元角分）	核对
07	24				承前页		127740000	104897000	6289472000	□
07	25	记	081		取现			4000000	6285472000	□
07	27	记	083		收到货款		12000000		6297472000	□
										□
										□

图 4-8　三栏式银行存款日记账

2. 多栏式日记账

收付业务比较频繁、规模较大、财会人员较多的单位，为简化记账手续，可采用多栏式日记账。它是在三栏式日记账基础上发展起来的，借方（收入）和贷方（支出）金额栏都按对方科目设专栏，即按收入的来源和支出的用途设专栏。多栏式日记账格式，如图 4-9 所示。

银行存款日记账

第　页
开户行：
账　号：

年		凭证字号	摘要	收入				借方合计	支出				贷方合计	余额
				对应科目（贷方）					对应科目（借方）					
月	日			应收账款	短期借款	主营业务收入	…		应付账款	原材料	管理费用	…		

图 4-9　多栏式银行存款日记账

3. 收付分页式日记账

若收付款凭证较多，对应科目也较多，采用多栏式日记账会使账页过长，不便于账簿的登记和保管。可分别设置收入日记账和支出日记账，即收付分页式日记账（图 4-10 和图 4-11）。

银行存款收入日记账

第　页
开户行：
账　号：

年		凭证字号	摘要	收　入						收入合计	支出合计	余额
				对应账户（贷方）								
月	日			应收账款	短期借款	主营业务收入			…			

图 4-10　银行存款收入日记账

银行存款支出日记账

第　页
开户行：
账　号：

年		凭证字号	摘要	支　出						收入合计	支出合计	余额
				对应账户（借方）								
月	日			应付账款	原材料	管理费用			…			

图 4-11　银行存款支出日记账

延伸阅读 4-1

银行存款日记账的格式

银行存款日记账与库存现金日记账相似,同样可以采用三栏式银行存款日记账、多栏式银行存款日记账,或者更细地分别设置多栏式银行存款收入日记账和银行存款支出日记账。

为了便于与银行对账,也便于反映银行存款收付所采用的结算方式,并突出各单位支票的管理,银行存款日记账可专设"结算凭证种类和号码"栏或"现金支票号码"栏及"转账支票号码"栏。

二、库存现金日记账和银行存款日记账的建立

库存现金日记账是指由出纳人员根据现金收款凭证、现金付款凭证和从银行提取现金编制的银行付款凭证,按时间先后顺序逐日逐笔登记的账簿。银行存款日记账是指用来反映银行存款增加、减少和结存情况的账簿。企业应按币种设置银行存款日记账进行明细分类核算。

出纳人员启用账簿后,在库存现金日记账、银行存款日记账的第 1 页登记库存现金、银行存款的期初余额。对于银行存款日记账,还需要同时登记存款种类、开户银行名称和账号。

实验内容及操作步骤

【实验内容】

2022 年 1 月 1 日,天狗商贸有限公司启用新的库存现金日记账,请建立库存现金日记账。2021 年 12 月库存现金日记账,如图 4-12 所示。

库 存 现 金 日 记 账　　　第 23 页

2021年		凭证		票据号数	摘要	借方	贷方	余额	核对
月	日	种类	号数			百十万千百十元角分	百十万千百十元角分	百十万千百十元角分	
12	31				承前页	2 1 0 4 8 9 2 0 0	2 1 0 0 9 8 3 0	6 0 0 7 0 0	
12	31	记	301		收到销售款	5 0 0 0 0 0		1 1 0 0 7 0 0	√
12	31	记	302		存现		5 0 0 0 0 0	6 0 0 7 0 0	√
12	31	记	303		支付报销差旅费		3 5 0 0 0 0	2 5 0 7 0 0	√
12	31				本月合计	1 7 5 4 8 0 0 0	1 7 8 2 0 0 0 0	2 5 0 7 0 0	
12	31				本年累计	2 1 0 4 8 9 2 0 0	2 1 0 8 5 9 8 3 0	2 5 0 7 0 0	
					结转下年			2 5 0 7 0 0	

图 4-12　2021 年 12 月库存现金日记账

【操作步骤】

1. 填写表头信息

表头中,"年"前面填写"2022"。

2. 登记库存现金的期初余额

库存现金日记账第1页的第1行上,依次填写"月""日""摘要"栏为"01""01""上年结转";并依据2021年12月库存现金日记账的年末余额,填写"余额"栏为"250700",如图4-13所示。

2022年		凭证		票据号数	摘要	借方	贷方	余额	核对
月	日	种类	号数			百十万千百十元角分	百十万千百十元角分	百十万千百十元角分	
01	01				上年结转			2 5 0 7 0 0	

库存现金日记账 第 01 页

图 4-13 建立库存现金日记账——结转上年余额

实验业务训练

2022年3月1日,天狗商贸有限公司对库存现金日记账进行换账,请建立库存现金日记账。本公司前2个月用完一本库存现金日记账;2月份库存现金日记账,如图4-14所示。

库存现金日记账 第 50 页

2022年		凭证		票据号数	摘要	借方	贷方	余额	核对
月	日	种类	号数			百十万千百十元角分	百十万千百十元角分	百十万千百十元角分	
02	24				承前页	1 3 8 4 4 9 0 0	1 3 5 1 5 8 3 0	3 8 5 0 0 0	
02	24	记	201		销售商品	1 6 1 0 2 0 0		1 9 9 5 2 0 0	√
02	24	记	201		销售款送存银行		1 6 1 0 2 0 0	3 8 5 0 0 0	√
02	25	记	202		支付招待费		1 3 4 0 0 0	2 5 1 0 0 0	√
02	25	记	202		销售商品	1 4 3 9 8 0 0		1 6 9 0 8 0 0	√
02	25	记	203		将销售款送存银行		1 4 3 9 8 0 0	2 5 1 0 0 0	√
02	26	记	204		支付零星办公品费		5 8 5 0 0	1 9 2 5 0 0	√
02	26	记	205		提取备用金	4 0 0 0 0 0		5 9 2 5 0 0	√
02	26	记	203		销售商品	1 2 0 2 0 0 0		1 7 9 4 5 0 0	√
02	26	记	205		将销售款送存银行		1 2 0 2 0 0 0	5 9 2 5 0 0	√
02	27	记	206		支付装卸费		4 2 5 0 0	5 5 0 0 0 0	√
02	27	记	204		现收商品	1 5 0 2 0 0 0		2 0 5 2 0 0 0	√
02	27	记	207		将销售款送存银行		1 5 0 2 0 0 0	5 5 0 0 0 0	√
02	28	记	206		提取现金	5 0 0 0 0 0		1 0 5 0 0 0 0	√
02	28	记	208		支付借款		2 0 0 0 0 0	8 5 0 0 0 0	√
02	28	记	209		支付借款		3 0 0 0 0 0	5 5 0 0 0 0	√
02	28				本月合计	1 4 5 8 4 0 0 0	1 4 2 4 7 0 0 0	5 5 0 0 0 0	
02	28				本年累计	2 0 4 9 8 9 0 0	2 0 0 0 4 8 3 0	5 5 0 0 0 0	
02	28				过次页	2 0 4 9 8 9 0 0	2 0 0 0 4 8 3 0	5 5 0 0 0 0	

图 4-14 2月份库存现金日记账

1. 填写表头信息
(1) 确认当前角色为"出纳"。
(2) 表头中,"年"前面填写"2022"。
2. 登记库存现金的期初余额
(1) 在"月""日"栏,分别填写"03""01"。
(2) 在"摘要"栏,填写"承前页"。
(3) 依据2月份库存现金日记账最后一行"过次页"的借方、贷方本年累计发生额、余额,分别填写"借方""贷方""余额"栏为"20498900""20004830""550000",如图4-15所示。

图4-15 建立库存现金日记账——结转上期余额

第三节 日记账的登记

 实验目的

通过本节课的教学,学生能够了解出纳日记账的登记要求;熟悉出纳日记账的登记方法;能够进行现金日记账和银行存款日记账的登记。

理论知识点

一、出纳日记账的登记要求

(1) 日记账应根据复核无误的收付款记账凭证记账。如果原始凭证上注明"代记账凭证"字样,经有关人员签章后,也可作为记账的依据。
(2) 出纳人员登记出纳账簿时,应将会计凭证日期、编号、业务内容摘要和其他有关资料逐项填入账内,做到数字准确、摘要清楚、登记及时、字迹工整。

(3) 日记账所记载的内容必须与会计凭证相一致,不得随便增减。出纳日记账应逐日、逐笔序时登记,并于当日结出余额,不拖延积压。

(4) 日记账必须连续登记,不得跳页、隔页,不得随便更换账簿,不准撕毁账页,作废的账页也应留在账簿中。

(5) 日记账按时结账,账款相符,并做到日清月结。

(6) 会计书写的文字和数字上面要留有适当空格,不要写满格,一般应占格的1/2。登记日记账要用蓝黑墨水或碳素墨水书写,不得用圆珠笔、铅字笔书写。

二、出纳日记账的登记方法

日记账通常由出纳人员根据审核无误的收款凭证、付款凭证逐日逐笔顺序登记。

(1) "日期"栏:应填入据以登记账簿的记账凭证上的日期。

(2) "凭证字号"栏:应填入据以登记账簿的记账凭证的类型及编号。

(3) "摘要"栏:简要说明经济业务的内容,力求简明扼要。

(4) "对应科目"栏:登记收入的来源科目或支出的用途科目,其作用在于了解资金的来龙去脉。在填写对应科目时,应注意以下三点:

① 对应科目只填总账科目,不需填明细科目。

② 对应科目有多个时,应填入主要对应科目,而不能将一笔资金增减业务拆分成多个对应科目金额填入多行。

③ 当对应科目有多个且不能从科目上划分出主次时,可在对应科目栏中填入其中金额较大的科目,并在其后加上"等"字。

(5) "借方"栏、"贷方"栏:应根据相关凭证中记录的账户借贷方向及金额记入。

(6) "余额"栏:应根据"本行余额=上行余额+本行借方-本行贷方"公式计算填入。

相关思考4-3

正常情况下库存现金日记账和银行存款日记账不允许出现贷方余额,余额方向默认为借方。若因登账顺序等特殊原因出现了贷方余额,则在余额栏用红字登记,表示贷方金额。

实验内容及操作步骤

【实验内容】

2022年6月12日,请根据背景材料(图4-16),登记库存现金日记账。

记 账 凭 证

记字第 075 号

2022 年 06 月 12 日

摘要	总账科目	明细科目	借方金额 亿千百十万千百十元角分	贷方金额 亿千百十万千百十元角分	√
行政部李青霞报销差旅费	管理费用	办公费	50000		□
	库存现金			50000	✓
					□
					□
					□
合计			¥50000	¥50000	□

附单据 1 张

会计主管：　　　记账：　　　出纳：蕃婉清　　　复核：丁晓瑛　　　制单：萧远山

图 4-16　记账凭证

【操作步骤】

（1）"日期"栏：填入"06""12"。

（2）"凭证种类、号数"栏：填入"记""075"。

（3）"摘要"栏：填入"行政部李青霞报销差旅费"。

（4）"贷方"栏：根据相关凭证中记录的账户借贷方向及金额，填入"50000"。

（5）"余额"栏：应根据"本行余额＝上行余额＋本行借方－本行贷方"公式，计算填入"42900"，如图 4-17 所示。

库存现金日记账

第 6 页

2022年		凭证		票据号数	摘要	借方 百十万千百十元角分	贷方 百十万千百十元角分	余额 百十万千百十元角分	核对
月	日	种类	号数						
06	11				承前页	2709000	2468100	240900	□
06	12	记	070		销售部王雨妈交来零售款	100000		340900	□
06	12	记	072		销售部葛容富报销差旅费		248000	92900	□
06	12	记	075		行政部李青霞报销差旅费		50000	42900	□

图 4-17　登记库存现金日记账

思政育人

设定工作目标，提高服务质量

出纳人员在账簿业务操作时，应设定工作目标，提高自身的会计实务操作技能和会计服务质量。需达到的四项工作目标为：

1. 合理设置并启用会计账簿，规范合理的会计核算方法，提供统一的账簿格式，为出纳账簿业务的顺利进行提供保障；

2. 登记库存现金日记账和银行存款日记账，将经济业务按时间顺序清晰地反映在账簿中，便于核算和监督经济业务的发生或完成情况，为经济业务的顺利完成提供账簿支持；

3. 对出纳账簿记录进行及时核对，避免账实不符的发生，保证出纳信息的真实与准确；

4. 对出纳账簿各业务进行定期结账，以了解货币资金的全部收付情况和期末结存情况，为编制财务报表提供依据。

实验业务训练

2022 年 7 月 28 日，请根据背景材料(图 4-18 和图 4-19)，登记银行存款日记账。

第 12 页

银行存款日记账

开户行：交通银行北京房山支行

账 号：11001041202509818 0018

2022年 月	日	凭证 种类	凭证 号数	支票号码	摘要	对方科目	收入（借方金额） 亿千百十万千百十元角分	支出（贷方金额） 亿千百十万千百十元角分	余额（结存余额） 亿千百十万千百十元角分	核对
07	24				承前页		1277400000	1048970000	6289472000	□
07	25	记	081		取现			4000000	6285472000	□
07	27	记	083		收到货款		12000000		6297472000	□
										□
										□

图 4-18　银行存款日记账

(1)“日期”栏：填入“07”“28”。

(2)“凭证字号”栏：填入“记”“088”。

(3)“摘要”栏：填入“存现”。

(4)“收入(借方金额)”栏：根据相关凭证中记录的账户借贷方向及金额，填入“3000000”。

(5)“余额(结存金额)”栏：应根据“本行余额＝上行余额＋本行借方－本行贷方”公式，计算填入“6300472000”，如图 4-20 所示。

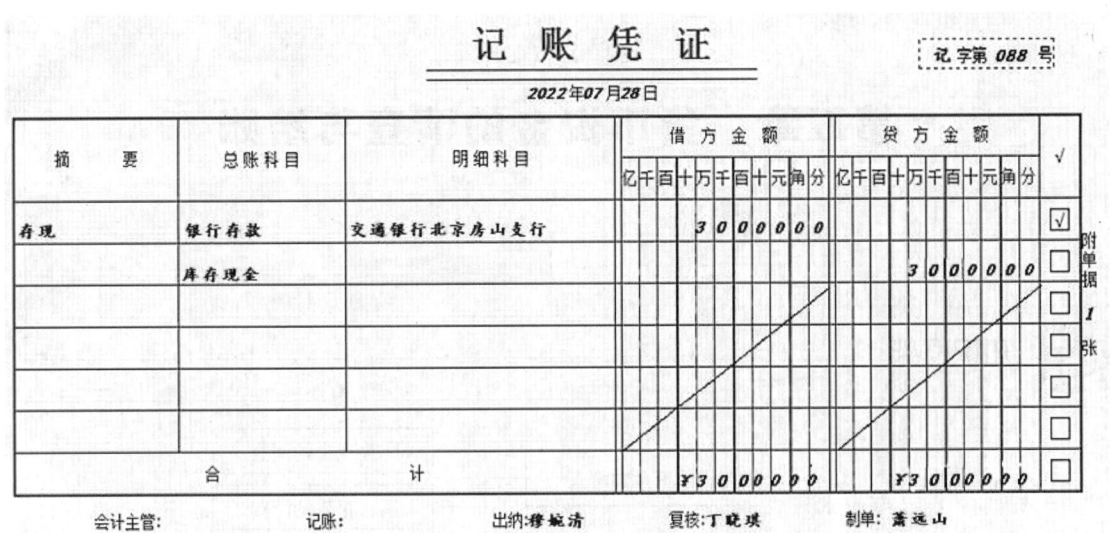

图 4-19 记账凭证

图 4-20 登记银行存款日记账

二维码 4-2
相关案例：
登记外币日记账

第五章　货币资金的清查与结账

知识框架

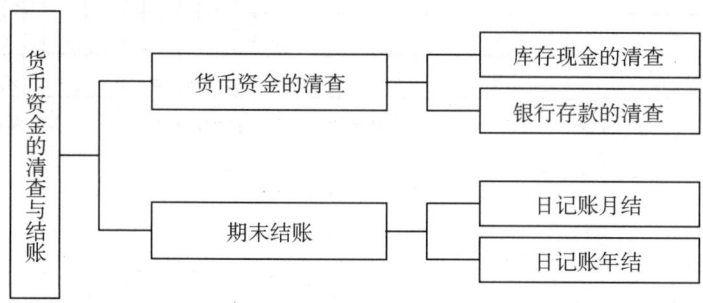

第一节 货币资金的清查

实验目的

通过本节课的学习,学生能够具备库存现金清查能力,掌握库存现金盘点表的编制方法;掌握银行存款日记账与银行对账单核对的方法;理解未达账项形成的原因;掌握银行存款余额调节表的编制方法。

一、库存现金的清查

库存现金的清查,包括出纳人员每日的清查核对和清查小组定期、不定期的清查。库存现金的清查是采用实地盘点法确定库存现金的实存数,然后与库存现金日记账的账面余额相核对,确定账实是否相符。

延伸阅读5-1

在坚持日清月结制度,由出纳人员自身对库存现金进行检查清查的基础上,企业为了加强对出纳人员的监督,及时发现可能发生的现金差错或丢失,防止贪污、盗窃、挪用公款等不法行为的发生,确保库存现金安全完整,各单位应建立库存现金清查制度,由清查小组定期或不定期地对库存现金情况进行清查盘点。

对库存现金进行盘点时,出纳人员必须在场,有关业务应在库存现金日记账中全部登记完毕。盘点时,一方面要注意账实是否相符,另一方面还要检查现金管理制度的遵守情况,如库存现金有无超过其限额,有无白条抵库、挪用舞弊等情况。盘点结束后,出纳人员应填制库存现金盘点报告表,作为重要原始凭证。库存现金盘点表的格式如图5-1所示。

库存现金盘点表

单位名称:　　　　　　　　日期:

部门		
会计期间		
项　目	行次	人民币
现金账面余额(盘点日)	1	
加:收入凭证未记账	2	
减:付出凭证未记账	3	
调整后现金余额	4	
实点现金	5	
说明:		

会计主管签章:　　　　　　　　出纳人员签章:

图5-1　库存现金盘点表

库存现金盘点表的填写要求如下:

(1) 表头的信息,按照实际情况填写。

(2) 部门:一般为财务部门。

(3) 会计期间:月末盘点当月的期间。

(4) 现金账面余额:库存现金日记账上面当月最后一笔业务的余额。

(5) 收入凭证未记账:收到现金和收入凭证,但是盘点时,还未登记库存现金日记账,或已经盘点过后才收到的凭证,还没来得及登记库存现金日记账。

(6) 付出凭证未记账:付出现金和收到付出凭证,但是盘点时,还未登记库存现金日记账,或已经盘点过后才收到付出凭证,还没来得及登记库存现金日记账。

(7) 调整后现金余额:现金账面余额+收入凭证未记账-付出凭证未记账。

(8) 实点现金:实存、清点后的现金。

(9) 说明:注明"账实相符"或"账实不符"。

填写完库存现金盘点表之后,出纳人员和监盘人员要在上面签字确认。

相关思考 5-1

库存现金盘点表的格式有很多种,具体请根据公司规定的盘点表填制。

延伸阅读 5-2

库存现金日记账的核对

对账是对账簿记录所进行的核对,也就是核对账目。对账一般分为账证核对、账账核对、账实核对。

库存现金日记账的账证核对,主要是指库存现金日记账的记录与有关的收、付款凭证进行核对;其账账核对,主要是指库存现金日记账与库存现金总分类账的期末余额进行核对;其账实核对,是指库存现金日记账账面余额与现金实际库存数的核对。

二、银行存款的清查

银行存款的清查是采用与开户银行核对账目的方法进行的,即将本单位银行存款日记账的账簿记录与开户银行转来的对账单逐笔进行核对,查明银行存款的实有数额。银行存款的清查一般在月末进行。出纳人员将截止到清查日所有银行存款的收付业务都登记入账后,对发生的错账、漏账应及时查清更正,再与银行的对账单逐笔核对。如果两者余额相符,通常说明没有错误。如果两者余额不相符,原因主要有两个:一是企业或银行一方或双方记账过程有错误;二是存在未达账项。

1. 未达账项

未达账项是指企业与银行之间,一方收到凭证并已入账,另一方未收到凭证因而未能入账的账项。

未达账项一般分为以下四种情况:

(1) 企业已收款入账,而银行尚未收款入账。例如,企业已将收到的购货单位开出的转账支票送存银行并且入账,但是,因银行尚未办妥转账收款手续而没有入账。

(2) 企业已付款入账,而银行尚未付款入账。例如,企业开出的转账支票已经入账,但是,因收款单位尚未到银行办理转账手续或银行尚未办妥转账付款手续而没有入账。

(3) 银行已收款入账,而企业尚未收款入账。例如,企业委托银行代收的款项,银行已经办妥收款手续并且入账,但是,因收款通知尚未到达企业而使企业没有入账。

(4) 银行已付款入账,而企业尚未付款入账。例如,企业应付给银行的借款利息,银行已经办妥付款手续并且入账,但是,因付款通知尚未到达企业而使企业没有入账。

当出现第(1)(4)种情况时,企业银行存款日记账的账面余额会大于银行对账单的存款余额;当出现第(2)(3)种情况时,企业银行存款日记账的账面余额会小于银行对账单的存款余额。无论出现哪种情况,都会使企业银行存款日记账的余额与银行开出的对账单的余额不符。如果存在未达账项,就应当编制银行存款余额调节表,据以确定企业银行存款实有数。

2. 银行存款余额调节表

银行存款余额调节表的编制，是以企业银行存款日记账余额和银行对账单余额为基础，各自分别加上对方已收款入账而己方尚未入账的数额，减去对方已付款入账而己方尚未入账的数额。其计算公式如下：

企业银行存款日记账余额＋银行已收企业未收款－银行已付企业未付款＝银行对账单存款余额＋企业已收银行未收款－企业已付银行未付款

银行存款日记账调节后余额＝银行存款日记账的余额＋“银行已收，企业未收”－“银行已付，企业未付”

银行对账单调节后余额＝银行对账单的余额＋“企业已收，银行未收”－“企业已付，银行未付”

银行存款余额调节表如图 5-2 所示。

银行存款余额调节表

开户银行： 账号： 年 月 日止

摘要	凭证号	金额											摘要	凭证号	金额										
		亿	千	百	十	万	千	百	十	元	角	分			亿	千	百	十	万	千	百	十	元	角	分
《银行存款日记账》余额													《银行对账单》余额												
加:银行已收,企业未收;													加:企业已收,银行未收;												
1													1												
2													2												
3													3												
4													4												
5													5												
6													6												
7													7												
减:银行已付,企业未付;													减:企业已付,银行未付;												
1													1												
2													2												
3													3												
4													4												
5													5												
6													6												
7													7												
8													8												
9													9												
10													10												
11													11												
12													12												
调节后余额													调节后余额												

财会主管： 制表：

图 5-2 银行存款余额调节表

银行存款余额调节表编制要求如下：

(1) 填写企业的开户银行的名称。

(2) 填写企业在开户银行的银行账号。

(3) 填写编制银行存款余额调节表的截止日期。

(4) 填写银行存款日记账的余额及银行对账单的余额。

(5) 将未达账项按四种类型分别填入银行存款余额调节表的相应栏目。

(6) 计算并填写银行存款余额调节表中的调节后的余额。

通过核对调节，银行存款余额调节表上的双方余额相等，一般可以说明双方记账没有差错。如果经调节双方余额仍不相等，要么是未达账项未全部查出，要么是一方或双方记账出现差错，需要进一步查明原因，加以更正。调节相等后的银行存款余额是可以动用的银行存款实有数。需要注意的是，银行存款余额调节表只是为了核对账目，不能作为调整企业银行存款账面记录的记账依据。

延伸阅读 5-3

二维码 5-1
微课视频：
银行存款的
清查

对 账

《会计基础工作规范》第六十二条 各单位应当定期对会计账簿记录的有关数字与库存实物、货币资金、有价证券、往来单位或者个人等进行相互核对，保证账证相符、账账相符、账实相符。

1. 账证核对。核对会计账簿记录与原始凭证、记账凭证的时间、凭证字号、内容、金额是否一致，记账方向是否相符。

2. 账账核对。核对不同会计账簿之间的账簿记录是否相符，包括总账有关账户的余额核对、总账与明细账核对、总账与日记账核对、会计部门的财产物资明细账与财产物资保管和使用部门的有关明细账核对等。

3. 账实核对。核对会计账簿记录与财产等实有数额是否相符，包括：现金日记账账面余额与现金实际库存数相核对；银行存款日记账账面余额定期与银行对账单相核对；各种财物明细账账面余额与财物实存数额相核对；各种应收、应付款明细账账面余额与有关债权债务单位或者个人核对等。

实验内容及操作步骤

1. 月末现金盘点

【实验内容】

2022年6月30日，天狗商贸有限公司出纳穆婉清实地盘点库存现金的金额为：100元119张、50元98张、20元135张、10元20张、5元10张、1元10张、1元硬币8个、5角的硬币7个、1角的硬币4个，盘点前，又办理了以下几笔业务，请根据背景材料，如图5-3至图5-6所示(收款收据第一联略)，编制库存现金盘点表并签章。

库存现金日记账

第 12 页

2022年		凭证		票据号数	摘要	借方 十万千百十元角分	贷方 十万千百十元角分	余额 十万千百十元角分	核对
月	日	种类	号数						
					承前页	8 9 0 8 4 7 0	5 7 9 3 3 7 2	4 8 5 2 1 9 0	√
06	22	记	018		预借差旅费		3 0 0 0 0 0	4 5 5 2 1 9 0	√
06	24	记	021		收到员工还款	1 0 0 0 0		4 5 6 2 1 9 0	√
06	25	记	025		支付工资		2 0 7 5 0 0 0	2 4 8 7 1 9 0	√
06	27	记	029		报销差旅费		4 6 0 0 0 0	2 0 2 7 1 9 0	√
06	30	记	033		报销市内交通费		6 0 0 0 0	1 9 6 7 1 9 0	√
06	30	记	035		收到赔偿款	4 0 0 0 0		2 0 0 7 1 9 0	√

图 5-3 库存现金日记账

收 款 收 据

NO.202056

2022 年 06 月 30 日

今 收 到 玄渡

交来：罚款

现金收讫

金额（大写） 零佰 零拾 零万 零仟 贰佰 零拾 零元 零角 零分

¥ 200.00 ☑现金 ☐转账支票 ☐其他

收款单位（盖章）

第三联交财务

核准　　　会计　　　记账　　　出纳 穆婉清 经手人

图 5-4 收款收据（第三联）

图 5-5　报销单

图 5-6　增值税普通发票

库存现金盘点表的编制情况，如图 5-7 所示。

图 5-7　库存现金盘点表

延伸阅读 5-4

现金清查结果的账务处理

库存现金清查中,如发现账款不符,对有待查明原因的现金短缺或溢余,应通过"待处理财产损溢——待处理流动资产损溢"科目核算,以保证账实相符,待查明原因并经批准后再根据不同原因转入相关科目。

1. 现金盘亏的账务处理

现金清查中发现现金的短缺,应按短缺的金额,借记"待处理财产损溢——待处理流动资产损溢"科目,贷记"库存现金"科目。

经落实,属于应由责任人赔偿的部分,未收款时,借记"其他应收款——应收现金短缺款"科目,如直接收到赔款,则借记"库存现金"科目,贷记"待处理财产损溢——待处理流动资产损溢"科目;属于应由保险公司赔偿的部分,借记"其他应收款——应收保险赔款"科目,贷记"待处理财产损溢——待处理流动资产损溢"科目;属于无法查明原因的,根据管理权限,经批准后作为盘亏损失处理,借记"管理费用"科目;贷记"待处理财产损溢——待处理流动资产损溢"科目。

2. 现金盘盈的账务处理

现金清查中发现盘盈的现金,应按盘盈的金额,借记"库存现金"科目,贷记"待处理财产损溢——待处理流动资产损溢"科目。

经落实,属于应支付给有关人员或单位的,应借记"待处理财产损溢——待处理流动资产损溢"科目,未支付时,贷记"其他应付款——应付现金溢余"科目,如直接支付的,则贷记"库存现金"科目;属于无法查明原因的现金溢余,经批准后作为盘盈利得处理,借记"待处理财产损溢——待处理流动资产损溢"科目,贷记"营业外收入——盘盈利得"科目。

2. 编制银行存款余额调节表

【实验内容】

2022年9月1日，核对人员对完账后，请根据背景材料，如图5-8和图5-9所示，编制银行存款余额调节表。（备注：本题暂不考虑制表人及财务主管签章）

银行存款余额调节表的编制情况，如图5-10所示。

二维码5-2
相关案例：
现金日清理

2022年		凭证		支票号码	摘要	对方科目	收入（借方金额）	支出（贷方金额）	余额（结存余额）	核对
月	日	种类	号数				亿千百十万千百十元角分	亿千百十万千百十元角分	亿千百十万千百十元角分	
					承前页		1253400 00	1186790 00	4805000 00	√
08	24	记	032		购入材料			405000 00	4400000 00	√
08	26	记	037		支付广告费			300000 00	4100000 00	√
08	28	记	041		收回货款		340000 00		4440000 00	√
08	30	记	044		收回货款		300000 00		4740000 00	√
08	30	记	045		预付账款			510000 00	4230000 00	
08	30	记	048		收回货款		800000 00		5030000 00	

图5-8 银行存款日记账

银行对账单

第 15 页

开户行：交通银行北京房山支行
账　号：11001041202509818 0018

单位名称：天狗商贸有限公司　　账号：11001041202509818 0018　　2022年09月01日

2022年		凭证号	摘要	结算凭证		借方	贷方	余额
月	日			种类	号码			
			承前页					4805000.00
08	22		付购货款	转支	#3603	405000.00		4400000.00
08	27		支付广告费	转支	#3604	300000.00		4100000.00
08	29		存款利息	特转	#1902		59000.00	4159000.00
08	29		收回货款	委托收款	#1904		340000.00	4499000.00
08	30		收回货款	委托收款	#1005		300000.00	4799000.00
08	30		贷款利息	特转	#1906	30000.00		4769000.00

图5-9 银行对账单

银行存款余额调节表

开户银行：交通银行北京房山支行　　账号：11001041202509818 0018　　2022年08月31日止

摘要	凭证号	金额	摘要	凭证号	金额
《银行存款日记账》余额		5 030 000.00	《银行对账单》余额		4 769 000.00
加：银行已收，企业未收：			加：企业已收，银行未收：		
1	08月29日#1902	59 000.00	1	08月30日记048	800 000.00
2			2		
3			3		
4			4		
5			5		
6			6		
7			7		
减：银行已付，企业未付：			减：企业已付，银行未付：		
1	08月30日#1906	30 000.00	1	08月30日记045	510 000.00
2			2		
3			3		
4			4		
5			5		
6			6		
7			7		
8			8		
9			9		
10			10		
11			11		
12			12		
调节后余额		¥5 059 000.00	调节后余额		¥5 059 000.00
财会主管：			制表：		

图 5-10　银行存款余额调节表

【操作步骤】

天狗商贸有限公司8月份银行存款日记账余额与银行对账单余额不一致，经逐笔核对，发现以下未达账项：

（1）8月29日，银行付给企业存款利息59 000.00元，银行已登记入账，但企业尚未收到收款通知，尚未记账。

（2）8月30日，银行扣除企业贷款利息30 000.00元，银行已登记入账，但企业尚未收到付款通知，尚未记账。

（3）8月30日，企业预付账款510 000.00元，并已登记银行存款减少，但银行尚未入账。

（4）8月30日，企业收回货款800 000.00元，并已登记银行存款增加，但银行尚未入账。

相关思考5-2

银行对账单借方发生额核对的是银行存款日记账贷方发生额；银行对账单贷方发生额核对的是银行存

款日记账借方发生额(即相反方向)。

 相关思考5-3

1. 调节后相等的银行存款余额,反映了企业可以动用的银行存款实有数额。

2. 银行存款余额调节表只是为了核对账目,不能作为调整企业银行存款账面记录的记账依据。对于未达账项,企业须在收到相关结算凭证后再进行账务处理。

3. 《企业内部控制应用指引》规定,企业应当加强对银行对账单的稽核和管理。出纳人员一般不得同时从事银行对账单的获取、银行存款余额调节表的编制等工作。确需出纳人员办理上述工作的,应当指定其他人员定期进行审核、监督。

 延伸阅读5-5

错账的更正方法

在记账过程中,可能由于种种原因会使账簿记录发生错误。账簿记录发生错误,应当采用正确、规范的方法予以更正,不得涂改、挖补、刮擦或者用药水消除字迹,不得重新抄写。错账更正的方法一般有划线更正法、红字更正法和补充登记法三种。

1. 划线更正法

在结账前发现账簿记录有文字或数字错误,而记账凭证没有错误,应当采用划线更正法。更正时,可在错误的文字或数字上划一条红线,在红线的上方填写正确的文字或数字,并由记账人员和会计机构负责人(会计主管人员)在更正处盖章,以明确责任。需要注意的是,对于数字错误更正时不得只划销错误数字,应将全部数字划销,并保持原有数字清晰可辨,以便审查。例如,把"3 457"元误记为"8 457"元时,应将错误数字"8 457"全部用红线划销后,再写上正确的数字"3 457",而不是只删改一个"8"字。如记账凭证中的文字或数字发生错误,在尚未过账前,也可用划线更正法更正。

2. 红字更正法

红字更正法,适用于两种情形:

(1) 记账后发现记账凭证中应借、应贷会计科目有错误所引起的记账错误。更正方法是:用红字填写一张与原记账凭证完全相同的记账凭证,在摘要栏内写明"注销某月某日某号凭证",并据以用红字登记入账,以示注销原记账凭证,然后用蓝字填写一张正确的记账凭证,并据以用蓝字登记入账。

(2) 记账后发现记账凭证和账簿记录中应借、应贷会计科目无误,只是所记金额大于应记金额所引起的记账错误。更正方法是:按多记的金额用红字编制一张与原记账凭证应借、应贷科目完全相同的记账凭证,在摘要栏内写明"冲销某月某日第×号记账凭证多记金额",以冲销多记的金额,并据以用红字登记入账。

3. 补充登记法

记账后发现记账凭证和账簿记录中应借、应贷会计科目无误,只是所记金额小于应记金额时,应当采用补充登记法。更正方法是:按少记的金额用蓝字填写一张与原记账凭证应借、应贷科目完全相同的记账凭证,在摘要栏内写明"补记某月某日第×号记账凭证少记金额",以补充少记的金额,并据以用蓝字登记入账。

实验业务训练

1. 月末现金盘点

2022年8月31日，天狗商贸有限公司实地盘点库存现金，盘点金额库存现金为1 360.50元，盘点前，又办理了一笔采购经理报销差旅费冲借款业务，请根据背景单据，如图5-11至图5-15所示（收款收据第一联略），填制库存现金盘点表（图5-16）。

图5-11　库存现金日记账

图5-12　差旅费报销单

二维码5-3
参考答案：
现金盘点-
日记账与实
盘数核对

图 5-13　动车票 1　　　　　　　　图 5-14　动车票 2

图 5-15　收款收据（第三联）

图 5-16　库存现金盘点表

2. 编制银行存款余额调节表

2022年6月30日,核对人员对完账后,请根据背景材料,如图5-17和图5-18所示,编制银行存款余额调节表(图5-19)。(备注:本题暂不考虑制表人及财务主管签章)

交通银行 银行对账单

单位名称:天狗商贸有限公司　账号:110010412025098180018　2022年06月30日

2022年 月	日	凭证号	摘要	结算凭证 种类	号码	借方	贷方	余额
06	10		承前页					547045.80
06	11		支付材料余额	转支	#1401	35100.00		511945.80
06	13		收回货款	委收	#2201		3726.10	515671.90
06	16		收回货款	委收	#2202		6910.50	522582.40
06	17		支付税金	转支	#1402	7708.30		514874.10
06	18		收回货款	委收	#2203		6619.30	521493.40
06	20		提取备用金	转支	#1403	4000.00		517493.40
06	21		支付利息	转支	#1404	1200.00		516293.40
06	23		预收货款	委收	#2204		24000.00	540293.40
06	27		代交电费	特转	#2205	3210.20		537083.20
06	29		收回货款	委收	#3201		13000.00	550083.20
06	30		代付电话费	特转	#3202	2099.30		547983.90

图 5-17　银行对账单

银行存款日记账　第 10 页

开户行:交通银行北京房山支行
账号:110010412025098180018

2022年 月 日	凭证 种类 号数	支票 号数	摘要	对方科目	收入(借方金额)	支出(贷方金额)	余额(结存余额)	核对
			承前页		862758.00	814230.00	547045.80	√
06 11	记 050		支付材料余款			35100.00	511945.80	√
06 13	记 052		收回货款		3726.10		515671.90	√
06 16	记 053		收回货款		6910.50		522582.40	√
06 17	记 055		支付税金			7708.30	514874.10	√
06 18	记 056		收回货款		6619.30		521493.40	√
06 20	记 058		提取备用金			4000.00	517493.40	√
06 21	记 060		支付利息			1200.00	516293.40	√
06 24	记 063		预收货款		24000.00		540293.40	√
06 29	记 070		收回货款		5707.10		546000.50	
06 29	记 071		支付材料款			14600.00	531400.50	
06 30	记 072		支付汽车修理费			2600.00	528800.50	

图 5-18　银行存款日记账

图 5-19 银行存款余额调节表

二维码 5-4
参考答案：
编制银行存款余额调节表

第二节 期末结账

实验目的

通过本节课的教学，学生能够掌握出纳人员月末结账及年末结账的基本要求与工作流程；能够规范地进行库存现金日记账、银行存款日记账的月末结账处理及年末结账处理。

理论知识点

出纳人员将本期所发生的所有资金收付业务全部登记入账并核对无误后，应计算出本期库存现金和银行存款收入总额、付出总额和期末余额。根据《会计基础工作规范》，现金日记账和银行存款日记账必须逐日结出余额。各单位应当按照规定定期结账。

1. 日记账月结

库存现金、银行存款日记账，每月结账时，要在最后一笔经济业务记录下面通栏划单红线,结出本月发生额和余额,在摘要栏内注明"本月合计"字样,并在下面通栏划单红线。

 相关思考5-4

有的企业库存现金、银行存款日记账月结,要在本月最后一笔经济业务记录的下一行结出本月发生额和月末余额,在摘要栏内注明"本月合计"字样,并在下面通栏划单红线;有的企业库存现金、银行存款日记账月结还在"本月合计"行下结出自年初起至本月末止的累计发生额,登记在月份发生额下面,在摘要栏内注明"本年累计"字样,并在下面划通栏单红线。具体操作可根据企业需要而定。

2. 日记账年结

将全年累计发生额,登记在12月份合计数的下一行,在摘要栏内注明"本年累计"字样,并在下面通栏划双红线。

年度终了结账时,有余额的账户,应将其余额结转下年,并在摘要栏注明"结转下年"字样;在下一会计年度新建有关账户的第一行余额栏内填写上年结转的余额,并在摘要栏注明"上年结转"字样,使年末有余额账户的余额如实地在账户中加以反映,以免混淆有余额的账户和无余额的账户。

实验内容及操作步骤

1. 日记账月结

【实验内容】

本月的经济业务均已登记完毕,请对日记账作结账处理,即本月合计和本年累计,如图5-20所示。(备注:本月合计上不用划线)

第 10 页

银行存款日记账

开户行:交通银行北京房山支行
账 号:1100104120509818 0018

2022年		凭证		支票号数	摘 要	对方科目	收入(借方金额) 亿千百十万千百十元角分	支出(贷方金额) 亿千百十万千百十元角分	余额(借或贷金额) 亿千百十万千百十元角分	核对
月	日	种类	号数							
05	31				承前页		8 6 2 7 5 8 0 0	8 1 4 2 3 0 0 0	5 4 7 0 4 5 8 0	√
06	01	记	002		支付材料余款			3 5 1 0 0 0 0	5 1 1 9 4 5 8 0	√
06	05	记	004		收回贷款		3 7 2 6 1 0		5 1 5 6 7 1 9 0	√
06	08	记	006		收回贷款		6 9 1 0 5 0		5 2 2 5 8 2 4 0	√
06	11	记	010		支付税金			7 7 0 8 3 0	5 1 4 8 7 4 1 0	√
06	16	记	013		收回贷款		6 6 1 9 3 0		5 2 1 4 9 3 4 0	√
06	20	记	017		提取备用金			4 0 0 0 0 0	5 1 7 4 9 3 4 0	√
06	21	记	018		支付利息			1 2 0 0 0 0	5 1 6 2 9 3 4 0	√
06	24	记	021		预收贷款		2 4 0 0 0 0 0		5 4 0 2 9 3 4 0	√
06	29	记	024		收回贷款		5 7 0 7 1 0		5 4 6 0 0 0 5 0	√
06	30	记	025		支付材料款			1 4 6 0 0 0 0	5 3 1 4 0 0 5 0	√
06	30	记	028		支付汽车修理费			2 6 0 0 0 0	5 2 8 8 0 0 5 0	√
06	30				本月合计		4 6 9 6 3 0 0	6 5 2 0 8 3 0	5 2 8 8 0 0 5 0	
06	30				本年累计		9 0 9 7 2 1 0 0	8 7 9 4 3 8 3 0	5 2 8 8 0 0 5 0	

图 5-20 银行存款日记账(月结)

【操作步骤】

(1) 在本月最后一笔经济业务记录的下一行"摘要"栏内注明"本月合计"字样,并结算出本月发生额和月末余额。

(2) 在"本月合计"一行下面划通栏单红线。

(3) 在"本月合计"下一行的"摘要"栏内注明"本年累计"字样,并结算出自年初起至本月末止的累计发生额和余额。

(4) 在"本年累计"一行下面划通栏单红线。

2. 日记账年结

【实验内容】

请对日记账作年结处理,如图5-21和图5-22所示。

库存现金日记账　　第33页

2022年		凭证		票据号数	摘要	借方 百十万千百十元角分	贷方 百十万千百十元角分	余额 百十万千百十元角分	核对
月	日	种类	号数						
					承前页	5 2 0 5 8 4 4 2	5 0 8 9 3 0 7 8	7 1 5 0 6 0	√
12	29	记	054		报销市内交通费		1 5 3 0 0	6 9 9 7 6 0	√
12	30	记	057		收到王雨嫣还款	3 0 0 0 0 0		9 9 9 7 6 0	√
12	31	记	059		齐风报销招待费		3 2 5 0 0 0	6 7 4 7 6 0	√
12	31	记	061		丁春秋报销招待费		6 3 0 0 0	6 1 1 7 6 0	√
12	31				本月合计	6 3 5 2 0 0 0	8 1 8 0 4 5 0	6 1 1 7 6 0	√
12	31				本年累计	5 2 3 5 8 4 4 2	5 1 2 9 6 3 7 8	6 1 1 7 6 0	
12	31				结转下年			6 1 1 7 6 0	

图5-21 库存现金日记账(结转下年)

库存现金日记账　　第01页

2023年		凭证		票据号数	摘要	借方 百十万千百十元角分	贷方 百十万千百十元角分	余额 百十万千百十元角分	核对
月	日	种类	号数						
01	01				上年结转			6 1 1 7 6 0	

图5-22 库存现金日记账(上年结转)

【操作步骤】

（1）在"本月合计"下一行的"摘要"栏内注明"本年累计"字样,再分别结出本年累计发生额和年末余额。

（2）在"本年累计"一行下面划通栏双红线。

（3）在"本年累计"下一行的"摘要"栏内注明"结转下年"字样,并将余额填入"余额"栏。在下一会计年度新建账簿对应账户的第一行"摘要"栏内写明"上年结转",并将余额填入"余额"栏。

延伸阅读5-6

结　账

《会计基础工作规范》第六十三条　各单位应当按照规定定期结账。

1. 结账前,必须将本期内所发生的各项经济业务全部登记入账。

2. 结账时,应当结出每个账户的期末余额。需要结出当月发生额的,应当在摘要栏内注明"本月合计"字样,并在下面通栏划单红线。需要结出本年累计发生额的,应当在摘要栏内注明"本年累计"字样,并在下面通栏划单红线;12月末的"本年累计"就是全年累计发生额。全年累计发生额下面应当通栏划双红线。年度终了结账时,所有总账账户都应当结出全年发生额和年末余额。

3. 年度终了,要把各账户的余额结转到下一会计年度,并在摘要栏注明"结转下年"字样;在下一会计年度新建有关会计账簿的第一行余额栏内填写上年结转的余额,并在摘要栏注明"上年结转"字样。

实验业务训练

1. 日记账月结

本月的经济业务均已登记完毕,请对日记账作结账处理,即本月合计和本年累计。所需表单如图5-23所示。（备注:本月合计上不用划线）

2022年		凭证		票据号数	摘要	借方 百十万千百十元角分	贷方 百十万千百十元角分	余额 百十万千百十元角分	核对
月	日	种类	号数						
03	01				承前页	295360 0	253980 0	60000 0	√
03	01	记	001		支付办公用品费		6000 0	54000 0	√
03	08	记	025		支付员工福利费		28300 0	25700 0	√
03	14	记	056		员工报销业务招待费		12000 0	13700 0	√
03	20	记	082		提取备用金	50000 0		63700 0	√
03	26	记	099		报销差旅费		38200 0	25500 0	√
03	29	记	117		收到赔偿款	5000 0		30500 0	√
03	30	记	125		收到员工罚款	2000 0		32500 0	√

图5-23　库存现金日记账

二维码5-5
参考答案:
日记账月结

2. 日记账年结

请对日记账作年结处理。所需表单如图 5-24 所示。

二维码 5-6
参考答案：
日记账年结

银行存款日记账

开户行：交通银行北京西城支行
账号：11001035502507424006

第 36 页

2022年		凭证		摘要	对方科目	收入（借方金额）	支出（贷方金额）	余额（借存余额）	核对
月	日	种类	号数						
12	17			承前页		7 510 000	5 140 000	14 000 000	✓
12	17	记	051	提现备用			200 000	13 800 000	✓
12	20	记	056	支付购货款			1 170 000	12 630 000	✓
12	25	记	060	预付货款			1 000 000	12 630 000	✓
12	28	记	065	出售材料收入		1 170 000		12 800 000	✓
12	29	记	069	销售A商品		2 340 000		15 140 000	✓
12	31			本月合计		3 510 000	2 370 000	15 140 000	✓

图 5-24　银行存款日记账

思政育人

中国现代会计之父——潘序伦

潘序伦（1893—1985），江苏省宜兴县人，中国现代杰出的会计学家、著名教育家。他创建了事务所、学校、出版社"三位一体"的立信会计事业，被誉为"中国现代会计之父"。潘序伦先生提出"信以立志、信以守身、信以处事、信以待人、毋忘立信、当必有成"的"立信"准则，他认为"立信"是做人的重要准则，同时也是会计的职业道德，忠于会计事业必"立信"。

在《中国之会计师职业》一文中，潘先生提出："夫学识、经验及才能，在会计师固无一项可缺，然根本上究不若道德之重要。……因商界环境，千变万化，利诱威胁，无处不有。会计师苟无强固之道德观念，则在在可以代人舞弊，为己舞弊。然会计师之职业，实为商界保障信用而设，苟有不道德行为，而自丧信用，则此项职业，即失其根本存在之理由。"

潘序伦先生在给立信学校毕业生的纪念册题词道："昔孔圣有言：去食去兵，无信不立，则固以立信为建国之首务矣。若退而言会计，则立信为尤要。信苟不立，虽有良法美意又安所附丽，以收其功乎？新式会计之功能，以立信为之基石；必基石稳固而后可以尽其功能；此虽常言，实为先圣之所昭示，明并日月，愿与诸同学拳拳服膺而信守之也。"

潘序伦先生为中国现代会计事业和会计教育事业做出了巨大贡献，是当之无愧的现代会计学宗师、职业教育的楷模。潘先生倡导并终生实践的立信精神，我们要继承，更要发扬光大。

资料来源：刘迪.礼赞大师｜潘序伦：现代会计学宗师，职业教育之楷模.[EB/OL].（2021-10-14）[2023-03-24].https://rmh.pdnews.cn/Pc/ArtInfoApi/article?id=24063615.

参考文献

［1］厦门网中网软件有限公司,中华会计网校.精编出纳岗位实务[M].北京:高等教育出版社,2018.

［2］吴树罡,张格杨.出纳操作技术[M].大连:大连理工大学出版社,2019.

［3］王朝晖.出纳实务[M].2版.大连:东北财经大学出版社,2021.

［4］侯雁.出纳实务[M].2版.大连:东北财经大学出版社,2021.

［5］全国会计从业资格考试辅导教材编写组.财经法规与会计职业道德[M].北京:中国财经出版社传媒集团,经济科学出版社,2021.

［6］高杉.出纳实务[M].2版.上海:立信会计出版社,2020.

［7］王庆.财经法规与会计职业道德[M].上海:立信会计出版社,2018.

［8］许秀萍,郑维.出纳实务[M].2版.北京:中国人民大学出版社,2019.

［9］施海丽,张立俊.出纳实务与实训[M].2版.北京:清华大学出版社,2020.